おきなわ福祉の旅

―それぞれの現場・地域での出会いの中で―

加藤彰彦著

ボーダーインク

はじめに――魂の原郷への旅

早いもので沖縄で暮らしはじめて、もう三年目に入る。その間、憧れの沖縄大学で学生諸君と共に沖縄の歴史と現実を、社会福祉という「生活学」の側面から学び合うという幸運にも恵まれてきた。

以前から沖縄で暮らすようになったら離島（シマ）をユックリと歩いてみたいと考えていた。その夢を実現するため小さな月刊誌（『公評』）に「海と島のある風景――南島民俗紀行」という連載をさせてもらっている。

沖縄を歩けば歩くほど、もっと深い精神世界まで降りてみたいという誘惑にかられている。沖縄をも包み込む「琉球孤」は、海を媒介にしてアジアの島々、中国や台湾、韓国といった国々とも深いつながりをもっている。

つまり、固有の世界をもちつつ、外の世界にも開かれているのである。

こうして少しずつ沖縄に染まりながら、身体の内なる世界、人類の原郷としての沖縄に心惹かれ始めているのを感じていた。

そんな折り、沖縄タイムス社の創立50周年企画の一つとして「おきなわ福祉の旅」の連載をしてみないかというお誘いを受けたのであった。旅とは、自らの内と外に向かって歩くことであり、新たな出会いでもある。

スタートは、〇三年の六月二三日、伊江島「土の宿」であった。そして一年、長いようでもあり、また短くも感じられた。この連載の締めくくりは〇四年の六月二三日、やはり伊江島の「わびあいの里」となった。

この間、大学では社会福祉実習のまとめ役をすることになったり、学生部長を引き受けることになったりとさまざまな制約もあったが、連載自体は楽しかった。担当は沖縄タイムスの比嘉直志記者。何度も話し合いながら進めた連載は、二人の共同作業にも似た愛着がある。

それだけに何とか形として残したいと思っていたところ、これも憧れのボーダーインク社から出していただけることになった。

さらにこの本の表紙は、息子の加藤俊輔（雨人）に描いてもらった。

彼は「雨人（うじん）」という号を持つ篆刻家であり画家である。雨人でホームページをもっているので開いてもらうと、その世界が視えてくる。これもまたうれしいことであった。最後にボーダーインクの宮城正勝社長、池宮紀子さんには大変お世話になった。

感謝の気持で一杯である。

そして、出会った方々と戦争のない共生社会の実現を目指して一緒に歩いていけたらうれしい。

どうぞ、お元気で。どこかでバッタリお会いしたいですね。

加藤　彰彦

おきなわ福祉の旅／目次

おきなわ福祉の旅

表紙絵・雨人／表紙デザイン・ガルベス城間

おきなわ福祉の旅

平和と福祉をつなぐ「土の宿」

六月二三日伊江島で祈る

ぼくが沖縄大学に赴任したのは昨年（二〇〇二年）の一〇月一日であった。すぐに学生たちが「沖縄子ども研究会」をつくり、ぼくを顧問に迎えてくれた。

以来毎週、研究会が続いている。学生たちの関心は、子どもにあったが、現代社会のあらゆる問題が、一人ひとりの学生の体験をもとに語り合われ、毎回充実した研究会が展開されている。

今年三月の渡嘉敷《とかしき》島での研究会に続き、今回は伊江《いえ》島（六月二一―二三日）での合宿が行われた。宿所は「土の宿」。

この民宿は、生まれてまもなく脳性麻痺に侵されながらも、唯一動く左足指で俳画を描き、短歌を詠み、多くの人々と出会い、明るく生きてこられた木村浩子さんが建てられた交流の場である。山口県萩市で誕生した「土の宿」は、一九八四年、二つ目の宿として伊江島に完成した。

以来二〇年、宿泊代は一五〇〇円のまま変わらない。

玄関を上がると「この宿は平和と福祉を考え、行動していく人たちによってつくられたものです」と書かれた文章が目に入る。「福祉文化というものは、平和でなければ実現しません」と語る木村さんは「人間が人間でなくなるのが戦争です。人の命を奪い、障害者を生み出すのも戦争です。福祉を実現する運動は、平和を守る運動と連動しなければなりません」とも述べる。

木村さんの短歌にはこう詠まれている。

　シャレコウベと化せし　島人掘り出さる

　さけぶが如く　口開けしままに

戦争で亡くなった人々の無念の思いを受けとめるのは、いま生きている私たち自身。

「これからはあなたたちの時代よ」。木村さんの言葉に学生の目に涙が光った。

ぼくの妹も、東京大空襲の中で、母の背で亡くなった。過去の悲しみの中から培ってきた優しさを基本に、地域で共に生きる社会を福祉文化と考えるとすれば、沖縄の福祉文化はその原点になる。木村さんは足に筆を挟み、自著に「出会い抄」と全身で書いてくれた。

六月二三日、ぼくらは伊江島で、青々とした海に向って黙祷をした。

「社会福祉士」を目指す

夏休みに現場実習

大学はまもなく、長い夏休みに入る。

自由に行動できる魅力的な時間なのだが、「社会福祉士」という国家資格の取得を目指す学生たちには、約一ヵ月に及ぶ「現場実習」という福祉現場での体験学習が待っている。

社会福祉の担い手にとって、理論だけでなく、現実の福祉現場での経験がなによりも重要とされ、高齢者や障害者、子どもたち、さまざまな職場で出会う体験は、学生にとっても新鮮で貴重なものになる。

ぼくは、今年の四月から実習指導室の担当となり、三人の実習助手、七人の実習担当教員と一緒に、その準備に携わっている。

先日、現場実習指導担当者と大学教員との交流連絡会がもたれ、「ティーダ・チムチム」（障害者就業・生活支援センター）の中村淳子さん、「愛隣園」（児童養護施設）の島袋朝久さんから、実習プログラムのモデル紹介や、実習担当者として考えるべき課題などについて報告していただき、六五人の参加者と、沖縄の将来を担う若い後継者育成について熱っぽく語り合った。

「実習生が来ると、素朴な質問を受け、自分たちの仕事、福祉の原点を見直すことになり、刺激されますね」「実習期間だけでなく、日常的にもボランティアとして来てほしい」などの意見が出た。一方、実習に参加した学生の感想は「利用者の生活が、想像以上に厳しい現状にあることに驚いた」「実習最後に子どもたちからたくさんの手紙をもらい涙がとまらなかった」(昨年度の「実習報告書」)。

福祉の基本は、援助を求めている当事者(本人)にどれだけ寄り添えるか、そしてその願いをいかに実現し、可能性を広げるかにある。学生たちはこうした実践力と人間性を身につけるために、これから現場に入っていく。

そこで何を感じ、何を考えるか、ぼくもこれからさまざまな福祉現場や地域に出かけ、沖縄における社会福祉の可能性、福祉文化の可能性を発見する旅に出たい。

他者との出会いで学ぶ

孤独な少年の実像

一〇代の少年たちによる痛ましい殺人事件が、沖縄でも起こってしまった。沖縄の精神文化が底辺から崩れつつある不安がぼくの心を襲う。

今から二〇年前の一九八三年、ぼくは横浜の児童相談所でケースワーカーをしていた。その時、路上で生活せざるを得なかった日雇い労働者を殴り殺すという事件を起こした中学生を含む一〇代の少年たちと出会った。中でも児童施設に入所した少年とは長くかかわった。

残虐な少年を想像していたぼくは、身体は大きいが、人と話すことの苦手な寂しく孤独な少年の実像に驚いた。少年は子どものころから父親に殴られ、家の中にも落ちつける場所がなく、学校での勉強もよく分からずじっと耐えるだけの生活だった。

ある評論家は、彼らのことを「教室の失業者」と呼んだ。その彼らが出会ったのが、同じ境遇の仲間たち。思いが通じ合う彼らにとって安心できる居場所は、先輩の小さなアパートだけだった。

親や教師、そして自分たちに理解を示さない世間に対する反感や怒りが、路上生活者に向かって一気に噴出したのが一連の暴力行為だった。

やがて、児童自立支援施設の先生、仲間たちとの生活の中で、出会いの経験を積み重ね、人間関係の温かさ、優しさ、そして厳しさを知っていった。人間は、他者との出会いの中で、自分の生き方を作り上げ、他者との関係を学ぶ。

日雇い労働者の親子関係を描いたぼくの児童文学作品『空にでっかい雲がわく』(フレーベル館)を辞書を引きながら読んだ少年は、毎年亡くなった労働者の命日に花を供えるようにもなった。

今回の事件は、テレビゲームなどで展開する暴力的な関係を、まるで親から学ぶように吸収してしまい、ゲームの一場面のように、友人を殺し、放置してしまった感じがして、胸が痛む。

共に生きる文化や、安心できる居場所が壊されている現在、沖縄の風土から生まれたオジイ、オバアの優しく厳しい生き方を、子どもたちにつないでいくことを本気で考えねばならないと思った。

「里親、里子交流会」

家族再生の切り札

ぼくのゼミ生、池間瑠美さんが里親制度について研究したいと話したのは、今年の四月。多良間《たらま》島出身の彼女は、子どもの数が減っていく離島にとって、里親制度の活用は、解決策の一つになるのではないかという切実な思いがあったようだ。しかし、調べていくと現代社会における子育て、家族問題と深くかかわっており、重要なテーマだと気づいた。まず、県庁に相談。そこで紹介された中央児童相談所を訪ねる。担当職員からの丁寧な説明で、県里親会にたどり着いた。

新装成った県総合福祉センター西棟四階にある県里親会の事務所を訪ねたのは六月。四月から事務局員になったばかりの嘉陽宗幸さんと出会い、交流会のあることを知る。その後、文献調査の結果も踏まえて、池間さんはゼミで数回の報告をしてくれた。

そして、今月二〇、二一の二日間、宜野湾《ぎのわん》市内であった「里親、里子交流会」で、事務局から依頼を受け、ボランティアを務めることになった。

さっそく、ゼミで報告すると関心をもった学生八人が参加してくれることになった。

二日目、ぼくも参加してみた。七〇人ほどの参加者で、里子の子どもたちと一緒に遊ぶのが学生諸君の役目。研修室の隣でにぎやかな声が聞こえる。研修会では、これまで行政や社協に依存してきた体質から、自立した里親会の活動にしたいという上間啓聖会長のあいさつの後、宮良久美子さんの里親体験の報告、児童養護施設「島添の丘」の森田勲施設長による「児童養護の現状と課題」の講演。里親には、養護、短期、親族の各種里親に加え、昨年一〇月から、専門里親が新設され、被虐待児やトラウマのある子どもに対して、より専門的な養育が必要とされるようになった。

現代社会は家族機能が低下し、支え合う体験も希薄だ。里親制度は、新たな人間関係を基盤に、家族機能を再生させる可能性がある。

池間さんは、八月から大阪の里親制度研究に二週間調査に出かけ、九月には鳩間《はとま》島の島ぐるみの里親制度の研究に行く。ぼくも鳩間島には、ぜひ一緒に行きたいと楽しみにしている。

福祉オンブズマン導入

利用者の苦情を代弁

第四水曜日の夜、ぼくは毎月、浦添市にある知的障害者授産施設「わかたけ」に出かける。まだ職員も忙しそうに働いており、ミーティングも続いている中を二階の集会室へ上がる。

昨年から、ここで県内の社会福祉士の方々による「福祉オンブズマン」の準備会がもたれ、学習会や運営をめぐっての討論が行われている。

社会福祉事業法を基本に、戦後日本の福祉は行われてきたのだが、三年前の二〇〇〇年に「社会福祉法」に改正され新たな質的転換が図られた。

その結果、「福祉サービス利用者の権利保障」と「地域福祉の推進」が大きな福祉の柱になった。

特に、福祉サービスの提供者と利用者が対等な関係の中で「契約」を結び、サービスを受けるという制度になったことは大きな転換だ。

どちらかといえば、受け身で福祉サービスを受けてきた利用者が、自分の思いや希望を実現させることができるようになったわけである。

しかし、利用者には戸惑いもある。すぐに要求を出したり、不満を主張することは難しい。そこで、利用者の苦情を第三者が聞き、代弁する「福祉オンブズマン」制度の導入が進められてきた。

一九九二年に東京都多摩厚生園に導入されて以降、障害者施設、老人ホームなどの福祉施設で次々と導入され、神奈川県では知的障害者施設協会が県内すべての施設を対象にオンブズマンを導入し、利用者の苦情や要望を聞き、その改善を図るという活動も行われるようになった。

ぼくは、その最初のオンブズマンを依頼され、六年間、神奈川県内の相談に乗ってきた。「買い物に外出したい」「食事のメニューを変えてほしい」「名前で呼んでほしい」という相談から「職員にたたかれた」「話を聞いてくれない」という訴えまで、その内容は多様だった。

今回、沖縄では初めての「福祉オンブズマン」制度の導入が検討され、九月二八日（日）に設立総会が行われるという（二〇〇三年）。

果たして、どれだけの社会福祉施設が参加し、利用者中心の新しい福祉サービスへの取り組みが始まるのか、ぼくも期待を込めて見守りたい。

多くの出会いつくりたい

愛楽園で自分と向き合う学生

夏の日差しがきつい今月四日、ぼくは妻と娘の三人で、久しぶりに屋我地島《やがじ》（名護市）にある国立療養所「沖縄愛楽園」を訪ねた。

「らい予防法」が廃止されたのは一九九六年四月。多くの人々に知ってもらおうと、愛楽園の自治会が作制したビデオ『愛楽園から伝えたいこと』をぼくが見たのは最近のことである。

ぼくは昨年から担当した「福祉文化論」の講義の中で、このビデオを上映し、感想を学生たちに書いてもらった。

「私は名護の出身で、高校までずっと名護に住んでいましたが、一回も愛楽園を見に行ったことがありません。…だから、いつか自分の目で見たいです。愛楽園の人たちと交流することで、今までのイメージを取り除けると思うし、自分も何か変わるような気がします」

一二〇人の学生の感想は、どれも自分と向き合う内容で心打たれるものだったので、全員の感想を製本して愛楽園に送ることにした。

それがきっかけとなり、学生諸君三〇余人と愛楽園を訪問したのが、昨年の一一月四日。自治会の金城雅春会長、迎里竹志副会長からお話を伺い、施設内を歩く。

「この訪問で一番ショックだったのは自分の子どもを産む自由さえ、奪われていたことであった。…人間であって人間でない扱いがどんなに耐え難いことであったろうと思うと胸が締め付けられる思いである」

学生の一人はこう書いている。

しかし、「隔離する」という発想から、地域で共に生きていくという発想への転換が、多くの人々の努力で実現しつつあるのも事実である。

金城さんは「将来的には、現在の患者全員が地域で生活できるようにしたい」という現実的な夢を語ってくれた。そのためには、何よりも人と人とが出会い、お互いが知り合うことが必要だ。

今年も、学生と訪問する約束と、講義で話をしていただくお願いをした。今度は、どんな出会いが始まるか、ぼくの期待もふくらんでいる。

八月一五日を迎えて

「戦後何年」刻む活動

今年も栃木県の児童養護施設に勤める明良佐藤さん（六〇歳）から「戦後カレンダー」が送られてきた。第二次世界大戦が終了した一九四五年八月一五日を「戦後元年」とし、その後、八月一五日が来るたびに「戦後何年」と年号を刻む活動を明良さんは続けている。

二つの体験が明良さんの原点。一つは結婚すると女性が名字を変える家父長制度と天皇制の類似を年号制度に感じたこと、もう一つは養護施設の子どもたちを受け入れない社会構造の中に、戦後の精神が未確立であることを直感した明良さんは、名字と名前を入れ替え、戦後という年号を使う決意をし、今年で二〇年目になる。

今年のカレンダーには、こんな詩が載っている。「戦争で死んだ日本人、三一〇万人。何のためにこのようにたくさんの人が死なねばならなかったのか、いまもって日本人はこの問いに対して、しっかり答えを出していない」

「一億玉砕が進行していったら、いま生きている私たちは生きていない。死んでいたし、生まれてもこなかった。一九四五年八月一五日によって私たちはいま生きている。誰が戦争を止めたのか。それは三一〇万人の死者の力。私たちは三一〇万人の死者によって、その血のあがないによって救われた」

沖縄、広島、長崎におけるおびただしい数の死者。しかし、忘れてならないのは、その背後には「隣国及び東南アジアの人々二〇〇〇万人を殺した」という事実があると明良さんは叫ぶ。

「破れて目覚める、それ以外にどうして日本が救われるか」この痛切な言葉で私たちは蘇った。

戦後、私たちは自分の生を肯定し、その上で、共に生きる道を探すという課題を背負って生きる民族に生まれ変わったはずである。

街にはお盆（エイサー）の太鼓が響いている。

社会福祉の基本思想もまた、戦後精神を刻んだ「憲法」のもとに生まれた。再び八月一五日がくる。

安定した暮らし、「命こそ宝」の思想の大切さ。今年も墓前で、そのことを再確認し、今後も、戦後何年と数え続けられるよう祈りたい。

増える独居老人の孤独死

一人暮らし老人の実態調査

那覇市にある与儀十字路の陸橋の角に「ヨギ十字路文庫」という古本屋がある。ぼくは、この店の高齢のおじさんと話すのが楽しみで、よく立ち寄っていたのだが、このところずっとシャッターが下りており、心配している。

しばらく前、ＮＨＫ沖縄が制作した『孤独死』（九州沖縄金曜レポート）を見た。長寿の島として知られる沖縄で、一人暮らし老人の「孤独死」が増えているという内容だった。

沖縄市は人口一二万余の町。この沖縄市で、昨年（二〇〇二年）一―六月までの半年間に七件の孤独死が続いた。死後二〇日間たって発見された高齢者もいる。

いずれも介護保険や介護サービスを受けていなかった、いわば行政の網の目からこぼれ落ちた高齢者であった。そこで昨年八―一二月の間、在宅介護支援センターの職員と民生児童委員が協力し、介護保険を受けていない一人暮らし高齢者の実態調査を行った。全国でも同様の調査は前例がない。

二五〇〇人中、二〇〇三人が回答した結果を見ると、全体の六六％が病人であるという数字が出ていて驚く。さらに、何らかの支援が必要と判断された高齢者は八三二人もいることが明らかになったというのである。沖縄市は比較的高齢者対策を熱心におこなってきたにもかかわらず、このような調査結果が出たことは、他の地域でも同様な状況が進行しているということになる。

番組の中では、胡屋《ごや》地区自治会の取り組みについても紹介していたが、ぼくも沖縄市を訪ねて『生活と健康状態に関するアンケート結果（一人暮らし高齢者）』をいただき、克明に読ませてもらった。中でも気になったのは、緊急時の連絡手段や頼れる人のない方が一〇一人もいること。

さらに電話のない方が一九一人もいることであった。その結果、近所との付き合いも少なくなって閉じこもる生活になってしまう。

長寿の島、沖縄は、いま高齢者に対する関心や理解が急激に変化し、無関心になっている。

こうした現状をみると、日常的な交流と緊急時の連絡体制がカギになるような気がする。

中高生の組踊に感動の渦

与勝《よかつ》半島の先にある伊計《いけい》島に當山タケさん（九〇歳）という長年、この地域の神女を務めてきた女性がいる。ぼくは島の歴史や暮らし、民俗文化についてタケさんを訪ね、お話を伺い、泊めてもいただいているのだが、毎回その豊かな記憶力と知恵に驚かされている。

その途中に勝連《かつれん》城跡があり、いつも気になっていたのだが、先日、沖縄大学の学生、久保田勇希君（三年）に誘われて、「肝高（きむたか）の阿麻和利《あまわり》」（沖縄コンベンションホール）を見に行った。

与勝地域の中高生による組踊で、五五〇年前、この地域で村の人々とともに生きた勝連城の一〇代目城主「阿麻和利」の物語であった。

「勝連のために生きた、民草の主・阿麻和利。勝連のために命を落とした、真の勇者、阿麻和利。阿麻和利が語った〈世界中に琉球の船を走らせる〉という言葉を胸に、新たな船出の帆をあ

げて琉球から世界へ旅立っていく子どもたち」（パンフレットより）
肝高とは、心豊か、気高いの意味で、勝連地域、勝連城の美称であった。戦を好まず、民衆とともに安定した豊かな暮らしをつくること、そして周囲にある海を生かして、世界に羽ばたこうと夢を語った阿麻和利の心が、中高生に受け継がれ、すでに四年間にわたって上演されてきたという。準備を含め取り組んだ学生の数は相当のもので、会場を埋め尽くした人々とともに感動の渦が消えなかった。

過去の歴史に学び、現実を生きるという世代継承の文化がここには生きている。それは、高齢者を尊敬し、その知恵から学ぶという文化である。まず、足元にある地域の歴史や文化を学び、そこから将来の夢や希望を紡ぎ出すこと、それが福祉の基本にあるのではないかとぼくは思う。

子どもたちが高齢者の大切さを実感するためには、こうした歴史と現代をつなぐ試みが大切だと思う。當山タケさんは、海や川、山などの自然の豊かさに感謝して生きてきた人々の暮らしを歌や伝承、祭りの儀式を通して教えてくれる。

世代継承の文化が、高齢者福祉をつくる。

地域で子育て支援

南風原町の試みに注目

沖縄大学の福祉実習が本格的に始まり、先日は実習指導室の久貝興徳さんと一緒に、南風原《はえばる》町社会福祉協議会を訪ねた。学生たちは、職員の方々に支えられ貴重な経験をしているようで明るい表情で迎えてくれた。南風原町社協の取り組みは、地域コミュニティーを福祉の母体とする方針をかなり以前から鮮明にして、字（自治会）を単位としたきめ細かい福祉活動を続けている。

この南風原町社協と民生・児童委員が協力して、町内全域の三歳未満の子どもをもつ一二五七人の保護者を対象に「子育てに関するアンケート」を実施したのは二〇〇一年一〇月。こうした大規模な調査で、民生・児童委員が足を運んで行われた調査は全国的にも珍しい。この調査をもとにして、今年（二〇〇三年）三月にまとめられた報告書には、「五つの提言」が盛り込まれた。

その中に「町レベル及び各字における子育て支援ネットワークの構築」や「ファミリーサポー

トセンターの設置」などの内容が含まれていた。

今回の訪問で南風原町社協の島袋康史さんから提言の具体化のために「子育てサロン」が発足し、山川地区と照屋地区で活動を始めていると知った。「自分の時間がなかなかもてない」「育児やしつけの方法が分からない」「働きたいが預ける先がない」「心身ともに疲れている」という訴えにこたえていく試みが「子育てサロン」。

「子育てサロン」は地域の公民館などを拠点として子育て中の親子同士が気軽に交流し、情報を交換できる場として定期的に行われている。

ここには、子育て支援について専門的な知識と情熱のある人（保育士など）が有償ボランティアとして参加している。こうして地域全体で子育てを支援する基盤が形成されていけば、高齢者や障害者への支援にも生かされていく。

そう考えると、南風原町社協での試みは、沖縄における地域福祉の一つの重要なモデルのようにぼくには思える。さらに、行政との連携が始まれば、地域福祉の根は確実に深まる。

漲水学園の改築実現を願う

高まる児童施設の需要

宮古《みやこ》島の漲水《はりみず》学園（児童養護施設、知的障害児施設）を訪ねたのは九月初旬。午後一時から九時までが実習時間だという大村泰弘君に宮古空港まで迎えに来てもらい、昼食をとりながら話す。

「夜、本を読みながら添い寝してるんですけど、離れようとしないんですよ。かわいいです」

「バーモンズ」というロックバンドもやっている大村君のひとみがいままでになく輝いている。

翌日の午前中、豊かな自然に囲まれた漲水学園を訪問する。学園前の青緑色の海のすぐ近くに伊良部《いらぶ》島、池間《いけま》島が見える。

もう一人の実習生、友利幸則君は午前六時から午後三時までの勤務。子どもたちを学校へ送り出した後、一緒に施設内を歩く。

漲水学園は、一九七二年三月に児童養護、知的障害児施設と、知的障害児通園施設の三部門複合施設として建設された。しかし、すでに三〇年が経過しており、老朽化も目立っている。さらに子どもたちの私的な空間が持ちにくいなど、構造上の問題もある。

また職員の宿直室もないという信じられない問題もある。職員は事務室隅の小さなスペースで休んでいる。こうした状況は一刻も早く改善すべきだが、予算は毎年、先送りされているのだという。

見学後、奥平弘一園長、育成課長の平良洋治さんからお話を伺う。最近は虐待を中心に複雑な問題を抱えた子どもたちとの対応も多くなったことで、児童施設への需要が高まり、満杯状態が続いている。さらに職員不足が明らかになっている。

現在、職員と児童の割合は六対一。この割合を何とか二対一に近づけ、さらに子どもたちの生活空間をもっと余裕のある広さにすること、職員研修の充実などを盛り込んだ要望書を、全国児童養護施設協議会としても国に提出しているという。

午後、友利君のお母さんが経営している保育園を訪問。にぎやかな幼児たちの声を聞きながら、子どもは次の社会の担い手、手厚いケアは将来の希望につながると感じた。近いうちに漲水学園の改築が実現することを願いながら宮古を離れた。

島ぐるみ里親活動の鳩間島

これまでにない大型の台風一四号が、宮古島に向かっているころ、ぼくは「離島における里親制度」の研究を進めている六人の学生、教員と、西表《いりおもて》島の近くにある鳩間島を訪ねていた。森口豁さんの『子乞い』（凱風社）や、尾瀬あきらさんの漫画『光の島』（小学館）で知られる鳩間島は、人口が五〇人程の小さな島。

この島では、かつて生徒数が減少し、鳩間小中学校が廃校の危機に直面したことがある。島から子どもがいなくなってしまえば、島の将来も消えてしまう。

島に子どもや家族を呼び返す必死の努力も行われたのだが、なかなか展望は開けなかった。そんなとき、本島の児童施設で暮らす子どもたちを島に迎え入れるというアイデアが生まれた。

一九八三年四月、児童養護施設「愛隣園」（渡真利源吉園長、当時）から四人の小学生が鳩間小学校に転入し、島の一人となって各家庭で暮らすことになったのである。

島ぐるみの里親活動はこうして始まった。

やがて、里子だけでなく「海浜留学」を希望する生徒も増え、ゆっくりと生きる力を回復している。ぼくらは、長いこと里親をしてこられた大工鉄夫さんの民宿「まるだい」で島で育った子どもたちが豊年祭には毎年島に帰ってきて、成人式は鳩間島でやりたいと言っていると聞いた。

昼に鳩間小中学校を訪ねる。広々とした海の見える学校にゆったりとした時間が流れていく。平良進校長と宮里貞弘教頭から校庭の木陰でお話を伺う。現在、島には「まいふなー（働き者）育成委員会」ができており、島ぐるみでの子ども受け入れ態勢ができているという。

現在、小学生が三人、中学生は九人在籍している。中学二年生のクラスを参観させてもらった。若い教師と少年・二人だけの授業は、ほほえましかった。いつか、こうした流れの中から鳩間島に定住したいという若者が育つかもしれない。

台風一四号の近づく鳩間島で、ぼくはそんな夢が実現するような気がしていた。

「いざ施設を出て自立しなければならない時になると、児童施設で育った子どもたちは不安になるのです。例えば、自炊するのも保険の契約や税金の支払いも自分でやったことがないんですから」

児童養護施設「石嶺児童園」に伺った時、垣花みち子園長は、児童施設の課題をそんなふうに語った。現代は家庭崩壊が深刻化し、親が子どもを育てられず、施設で養育せざるを得ない状況になっている。しかし、児童施設は集団生活が原則であり、一人ひとりにきめ細かく対応する余裕がない。従って炊事や洗濯、さまざまな手続きなども施設で対応してしまうのが現状である。子どもたちは成長していく。

食料の買い出しや料理の楽しみ、洗濯やこまごました日常生活の大変さを経験することもなく、子どもたちが自立していくためには、一人暮らしの経験も必要で、自立のためのトレーニングプログラムを用意する必要もある。

また、親もいったん施設に預けると、子どもとかかわる機会も少なくなり、子育ての楽しみや苦労から離れてしまう。親もまた子育て経験を通して親になっていく機会を失う。子どもにとって親は、この世にたった一人しかいない大切な存在。その親とのかかわりがないまま、成長することは、根を失ったに等しい。石嶺児童園では、この二つの課題に挑戦するため、子どもの自立支援と親子関係回復のためのプログラムの計画作りと実践に取り組んでいる。

短期間でも、親と子が一緒に暮らすことも、お互いのかかわり方を身に付け、やがて家庭で暮らしていけるようにするための一つの方法である。

そのためには、地域にサポートシステムをつくり上げる必要もある。この作業がもっとも大切であり、また難しいことだと垣花園長は語る。

できれば施設と家庭をつなぐ「中間施設（児童家庭支援センターなど）」がＮＰＯ法人などの市民の力によって立ち上げられ、運営されると心強い。

それは、ほかの福祉分野にとっても有効な地域再生への道につながっていく。ぼくはいつか、石嶺児童園の実践を具体的に伺ってみたいと思った。

利用者の立場に立つ福祉実践

画期的なオンブズマン発足

二〇〇三年九月二八日、ぼくはおそらくこの日を忘れることはないだろう。

民間非営利活動団体（ＮＰＯ）「おきなわ福祉オンブズマン」が、その発足をした日である。

記念講演、シンポジウムに続いて、夕方からは設立総会が浦添社会福祉センターで行われた。

事務局長の安慶名勝彦さんが緊張した表情で進行役を務める。これまで三年にわたって準備を進めてきた県社会福祉士の方々が見守る中、「設立趣意書」の説明が行われていく。

その趣意書に疑問が出された。趣意書には、こう書かれている。

「オンブズマンは、施設や地域において、福祉サービスを利用または必要とする人たちの権利を守り、その人が決めた、その人らしい生活を実現するために活動します」

この「権利を守り」というのは、オンブズマンが上位にいて、利用者の権利を守ってあげるという読み方がされないだろうか。同じ立場に立ち、ともに権利を実現していくという文章に変えた方がよくはないか、そういう内容の発言だった。

こうして趣意書の内容が深まっていく。

やがて会は進み、役員の承認となる。

理事には弁護士の新垣剛さん、養護学校の砂川喜洋さん、沖縄国際大学の岩田直子さん、そして福祉サービスの利用者（当事者）である島袋直子さんも参加している。利用者が一人の市民として理事に参加していく方向は今後も大事にしたい。

さらに福祉オンブズマンを受け入れる「わかたけ」（社会就労センター）、知的障害者更生施設「ゆいの郷」「グリーンホーム」。

この三施設の情熱と勇気には拍手を送りたい。ぼくも、この活動に一人の理事として参加することになった。やがて利用者の方々から、さまざまな夢や希望が語られ、実現されていったらいいなぁと期待している。

利用者の立場に立つ社会福祉実践の試み。沖縄における社会福祉が今新しいスタートを切った。

魅力的なおとなとの出会い

地域は大きな「子育て学校」

「学校へ行くと毎日毎日いやなことばかり。いいことは全然ない。夢の中でもいやなことばかり。こんな生活、ぼくに合ってないのかもしれない。ぼくが生まれたのがまちがいだったのかもしれない。いまどうしても涙が止まらない」

「ぼくが生きている間、一つだけ一つだけつくりたいものがあった。それは心から心から話し合える友だちがほんとうにほしかった。一人でいい、一人でいいから、そういう友だちがほしかった。では、さようなら」（『子どものいる風景』野本三吉著、国土社）

先日、沖縄市であったシンポジウム「子育て、今昔」で、ぼくは一四歳で自死した少年の遺書を紹介した。

現在起こっている少年事件には、子どもたちの悲しみ、いら立ち、そして展望のない抑圧された不満が渦巻いているように、ぼくには思えた。

この日のシンポジウムには四人の方が参加された。沖縄市老人クラブ副会長の島袋秀子さんは、子どものころ、帯がなくて困っていた友だちに、自分の帯をあげてしまったことを、母親からほめられ、今もそのことを忘れないという。

笑築過激団の玉城たずこさんは「子どもは親のいう通りにはなりませんよ、親のする通りにしかなりません」とユーモラスに話した。貧しくとも、悲しくとも、他者とともに喜びも悲しみも分け合って生きている親（おとな）を見て子どもは育つ。

パネリストの喜納高宏さんは、近くの小学校で絵本の読み聞かせを続け、桑江良憲さんは、子どもたちに絵手紙を送り続けている。

子どもたちは、教師や親だけでなく、魅力的なおとなと出会いたいと思っている。共に喜びや悲しみを分け合って生きているおとなたちと接しながら、子どもは心を揺さぶられる。

そう考えると、地域は大きな「子育て学校」なのだ。おとなたちはみな、子どもたちの「親」でもある。そういう地域は子どもを孤立させない。そんな可能性を沖縄市に感じた。

実習体験を真剣に報告

二ヵ月余りの夏休みも終わり、大学には再び、にぎやかな学生たちのざわめきが戻ってきた。一〇月の中旬、恩納《おんな》村にあるペンション村を借り、三年生、四年生の合同ゼミ合宿を行った。三年生は福祉実習の体験報告、四年生は卒業論文の中間報告という課題をもって、三、四年生の交流も兼ねての合宿となった。一日目、バーベキューの夕食後、三年生の実習体験報告が行われた。

「子どもたちは夜になると、お化けの話をしてくれとせがむんですよ。それも七人も八人もです。どうしたらいいのかいつも悩みました」

「重度の障害者の施設で、初めはどう声をかけていいのか本当にとまどいました。でも今ではベットに腰かけて冗談も言い合えるようになりました。そして、これだけのつらさの中で生きている彼らの方が私たちよりずっと強いということも分かってきました」

全員に広がる共感の輪

「日曜日に、ぼくの勤めているデイケアの職場に子どもたちを連れて行ったんです。こわいと思っていたオジィやオバァが元気に歌ったり作業をしているのを見て、子どもたちはお年寄りとすっかり仲良しになり、こういう仕事をしたいと真剣に考える子どもも出てきて驚いています」

彼らは、その後も実習先の行事や運動会にも参加し、ボランティアもしているという。

四年生からは厳しく、また温かい質問が投げ掛けられる。明け方まで続いた討論で、受け答えをする三年生の表情はたくましく生き生きしていた。

午後からは四年生の卒論の中間発表となる。「沖縄の少年非行」がテーマの学生が高校時代に教師から暴力を受け、それ以来反抗した気持ちを語った時には、学生たちの目には涙が光り、共感の輪が広がっていった。

一人の体験を全員が受け止め、共感していく。

ぼくにはこの学生たちが、将来の沖縄を担っていくことが信じられた。今年はゼミで「沖縄の児童福祉」をまとめ、冊子を作ることにした。こうして二泊三日のゼミ合宿は終了した。

自ら「不登校」体験語る

大学も福祉の現場の一つ

「そのころの私は、まわりの人、だれも信用することができなくなっていました。食べようとする気力さえなく、やせこけていきました。夜も昼も関係なく、カーテンを閉めきっていました。人の声を聞かないように、自分自身の存在を消すかのように、夜でも電気をつけず、毎日死ぬことばかりを考えていました。」

「児童福祉論（Ⅱ部）」の講義で、沖大二年生の上間和美さんが自らの不登校体験と、そこからの回復過程を話し始めると、教室は水をうったように静まりかえり、学生たちはジッと聞き入った。毎回受講生に感想カードを提出してもらっているが、率直な意見の中に、自らの不登校体験をつづった文章もあった。

和美さんはさまざまな事情が重なり、小学校時代から不登校となった。そうした苦しみの中、泊高校の通信制に入学。そこには不登校体験者も年の離れた大人たちもいる。この人の輪の中で和美さんは人間への信頼を少しずつ回復していく。

この変化を見て、和美さんの母親も一年後に、泊高校に入学してくる。母と娘は同じ高校の生徒となった。和美さんは二年前、年長者も多く学び、自由な雰囲気のある沖大II部に入学した。

この中で彼女は、自らの経験をまとめてゆこうとする気持ちが出てくる。何回か和美さんと話すうち、講義の中で自らの体験を語るという計画が浮かんできた。こうして、彼女は教壇に立ち、自らの経験を語った。受講生はこんな感想を寄せた。「和美さんの体験を聞き、涙がとまりませんでした」「ぼくも勇気をもらいました」

和美さん自身も「緊張したんですが、質問の時は全然緊張しませんでした。自分でもビックリしました」と書いている。

「人はだれでも変わることができるのです」「人生にはやり直しがきくんだ」という和美さんは、不登校の体験をバネに、子どもソーシャルワーカーへの道を歩き始めようとしている。

大学もまた福祉の現場なのだと、ぼくは感じていた。

島の相互扶助の精神

ぼくが「沖縄福祉文化を考える会」のことを知ったのは昨年。しかし、なかなか参加するチャンスがなかった。ようやく願いがかなって参加できたのは今月二五日のことであった。この集まりでぼくは「癒やしの島に魅せられて」という話をさせてもらった。

ぼくが初めて沖縄にきたのは一九六一年、大学二年生の夏であった。それ以来、何回かぼくは沖縄に足を運んでいる。

この旅でぼくは、もうけることより安くておいしいものを勧める店員さんや、道を尋ねると農作業を中断して案内してくれる村人に出会うことになった。そのたびに心があたたかくなり、満たされていくのを感じていた。

昨年から那覇に住むようになったぼくら夫婦は時間があると離島の島々を歩いている。小さな島であればあるほど、島民が支え合わなければ、暮らしは成り立たない。

やさしさへの回帰

従って島には、ごく自然な形で相互扶助の世界が定着している。島には生活共同体の原型がある。さらに亡くなった人々や自然とも共存して暮らしている世界には、人類の故郷の懐かしさが漂っている。ここには生きる場の力強さと安心感がある。沖縄にはこうした生活のスタイルが確かに存在していた。

しかし、都市化した沖縄から、こうした豊かな暮らしの香りが急速に消えているのも事実である。

あいさつをされた島本幸子会長は「見えないものとの対話」「魂のやすらぎ」の大切さを強調された。現代人は自らの欲望をコントロールすることができなくなり、常に欲求不満の状況におかれ、他者へのやさしさを失いつつある。

「沖縄福祉文化を考える会」は、こうした時代の転換期の中で、素朴でゆっくりした相互扶助の精神文化を掘りおこし、暮らしの中から再創造していくことを目指している。

福祉文化とは、他者とともに、生きる仲間として生きたいという衝動であり、やさしさへの回帰である。ぼくは、この会に参加しながら、福祉文化創造への道を共に歩きたいと思った。

ハンセン病正しく理解を

元患者が沖大で講義

　昨年に続き、「福祉文化論Ⅱ」を受講している学生一九人と一一月一日に国立療養所沖縄愛楽園を訪ねた。自治会の金城雅春会長は「おととい二人の方が亡くなり、告別式をやったばかりなのです」と話されハッとする。愛楽園には現在三四八人の方が入所しているが、平均年齢は七四歳とのこと。

　愛楽園自治会では、入所者の生活史を聞き取り記録する活動を続けている。既に一七〇人の聞き取りを終了したが、高齢化も進んでおり、この作業を急ぎたいと考えているということであった。「毎月第二土曜日の午後一二時三〇分に集合し、生活記録調査を行っています。直接話を聞くことでハンセン病のことが理解できると思います」

　沖大生二人も、昨年からこの調査に参加している。園内を案内してくれたのは迎里竹志さん。一九三三年、石垣市生まれ。小学生の時に白保飛行場建設に徴用され、その時の作業で感染し、一五歳で発病、高校進学を断念して愛楽園へ入所している。迎里さんは一度、社会復帰したのだが再入所となり、その後、ハンセン病患者の人間回復運動のため「全療協本部」の書記として四年間、東京で活動。愛楽園には昨年戻り、患者自治会の副会長に就いた。

この迎里さんが講義のゲストとして沖大に来ていただけることになった。

この日、その講義のためのレジュメをいただいたのだが、そのはじめにこう書かれていた。

「親や兄弟姉妹と暮らすことができない、実名を名乗ることができない、結婚しても子どもを産むことを許されない、一生、療養所の外で暮らせない、死後も故郷の墓に入れてもらえない」

「ハンセン病を患ったというだけで、一般社会から隔離され、長きにわたり差別と偏見に苦しんできた声に耳を傾けてください。そして、ハンセン病についての正しい知識をもっていただくこと、そこから始まるのです」

午後二時四〇分、三号館一〇二教室での講義は一般公開します。ぜひお出かけください。

六〇、七〇代はまだ青年

竹富島の「種子取祭」に参加

石垣港《いしがきこう》から船に乗り、ぼくらは竹富島《たけとみじま》へ向かっていた。波しぶきをあげて「ひるぎ二号」は一〇分ほどで竹富島に着く。竹富島には六〇〇年余も続いている伝統行事の「種子取（たねとり）祭」がある。その祭りに参加するのがぼくの夢であった。

今回は知人の紹介で、大山貞雄さんのお宅に泊まらせていただくことになった。貞雄さんは、今年で一〇〇歳。昨年まで、約四〇年余の年月、この種子取祭の中心的役割を務めてきたのであった。

九七歳のマンダラー（島のことばで風車の意）祝いの手ぬぐいの中には、貞雄さんの子どもは九人、孫、ひ孫、玄孫《やしゃご》は一四九人と書かれている。しかし、みな島を離れ、貞雄さんは一人暮らしであった。元気とはいっても足腰も弱り、今年の六月、貞雄さんは本島の老人ホームに入所した。

種子取祭の日が近づくと貞雄さんはじっとしておれず、三男の吉昭さんと一緒に祭りでにぎわう島で数日間を久しぶりに過ごすことになった。小柄の貞雄さんは記憶力は抜群で、夜のふけるまで地元の泡盛「八重泉」をのみ、多弁であった。

祭りは午前五時には始まる。

翌朝、貞雄さんは午前四時にはパチリと目をさまし、ハオリ、ハカマを身につけて早朝の儀式から参加した。世持《よもち》御嶽までの足どりは危なかったが、式が始まると背筋も伸び、キリッとした表情で夕方までの行事をこなした。竹富島の人口は約三〇〇人。そのうち六五歳以上の老人は約四割。六〇歳、七〇歳はまだまだ青年扱いですよと吉昭さんは笑う。

そして、何よりも島の歴史と文化、伝統を大切にする竹富島には、老人の役割も仕事もある。竹富島憲章には「売らない」「汚さない」「壊さない」「乱さない」「生かす」という理念がある。そんな風土の中で貞雄さんは生きてきた。

島を離れる日、貞雄さんと握手をした。

太く大きな貞雄さんの手のひらを握りながら、貞雄さんの一〇〇年史をつづってみたいと思った。

沖縄は「島連合国」

沖縄で暮らすようになって、沖縄の文化とは、「シマの文化」だと実感するようになった。『日本の島事典』(三交社)によれば、琉球列島には一七八の島があり、人が住んでいる島は四八もあるという。だとすれば沖縄は「島連合国」と呼べる。

大学にも島出身の学生は多い。

石垣島出身の宮城依里子さんは、以前から石垣島に児童養護施設があればよいと考えていた。ところが数年前、せっかくの児童養護施設計画が中止となり、その経過を知りたくて卒論のテーマにすることにしたのだった。

一一月中旬、ぼくは宮城さんと石垣市の児童家庭課を訪ね、宮良敏子係長、東大濱賢哲主査から詳しい話をうかがうことができた。

島にも必要な児童施設

東大濱さんは、局内に児童家庭支援センターか一時保護機能をもった施設があればよいと考えてきた。

母子家庭の多い島では施設を利用したいと思うと島外へ出なければならない。子どもたちは、そんなとき、親からも島からも見捨てられたと思うに違いない。現在、島外の児童施設に三五人の子どもたちが入所している。

数年前の児童施設計画は、養護施設の意味が十分に理解されず、受け入れ地域の学校の規模が小さかったことなどが原因で中止されたという。

今回は、その反省を基に地元、行政、福祉関係者の協力も得られ、奈良佐（新川）への建設がほぼ決まったという。午後、ぼくらは施設の設置者である翁長克子さんを訪ねた。

石垣空港からも近いところに幼児園「まなぶくん」がある。翁長さんはこの園の施設長さん。協力者である上原裕子さんも交え、石垣島の豊かな自然環境を生かし、卒園後のアフターフォローも含め、子どもと老人を中心にした「シマの文化」を掘り起こしたいと翁長さんは情熱をこめて話してくれた。夕方、島の宮城米店の長女でもある依里子さんのお母さんともお会いし、鳩間島出身の歌手、鳩間隆志さんの店「芭蕉布」で、シマの文化に気持ちよく酔った。

戦災孤児らの自立支援

意義深い「愛隣園」五〇年

先月、あたたかな秋晴れの午後、ぼくは与那原町《よなばる》にある児童養護施設「愛隣園」を訪ねた。この日、愛隣園では創立五〇周年の式典が行われていた。児童養護施設には、子どもが生き、成長する権利を守り、社会人として自立できるよう支援する役割がある。

この日、愛隣園同窓会を代表して知名武三郎さん（リューセロ株式会社社長）があいさつをされた。知名さんは、沖縄では最初の民間社会事業施設として開園（一九五三年九月）した「愛隣園」に入所し、四七人の戦災孤児の仲間とともに生活をされた方である。

両親を失い、傷ついた少年（当時、小学五年生）であった知名さんに、初代園長・比嘉メリーさんは「おめでとう、あなたは選ばれた人です」と迎えてくれ、「白いハンカチのたとえ話」をよく聞かされたという。

「白いハンカチばかりもっていたら汚れて、どす黒くなっても、まだ白いというイメージを持ち洗おうとしない。しかし黒いハンカチを持っていて、それと見比べることによって白さがしっかりと判断できるようになる。だから、嫌なこと苦しいことから逃げないで、真っ向からぶつかり、自分の目で判断しなさい」(『五〇周年記念誌』)

知名さんは、ぼくと同じ年、共に戦争をくぐりぬけてきたすてきな友だちに会った気がした。

また、在園生代表として高校三年生のT君があいさつをした。

「今まで差別もされ、つらいこともあったけれど、愛隣園でたくさんの人と出会い励まされ、将来は保育士になろうと決めました」

そしてT君は、沖縄キリスト教短大に合格し、来春から大学生になると報告。

会場からはわれるような拍手が送られた。

学業と生活の両立など、難しい課題もあるはずだが、T君は「自分がやってほしいことを他の人にやってあげたい。ぼくは人の役に立つ仕事をしたいです」と語った。胸が熱くなった。

「生活支援資金」の活用

多重債務で苦しむ母子

「母親に過酷な取り立て～南風原町・親子無理心中」という悲惨な事件があったのは今年六月。また、大手消費者金融「武富士」の悪質な実態が明らかになったのも最近のこと。

今月三日、ぼくは第二三回沖縄児童養護研究会に参加し、分科会「多重債務を抱える母子への支援」の中で、司法書士の宮里徳男さん（沖縄クレジットサラ金被害をなくす会幹事）から生々しいサラ金の実態を伺った。

分科会参加者は、母子生活支援施設の職員や民生委員の方々で、最近はサラ金の返済や利息取り立てで苦しんでいる方々が多くなったと発言していた。

また、生活保護費、児童扶養手当の減額、医療費の前払いなど母子生活へのしわ寄せを心配する発言もあった。

利息制限法では、一〇万―一〇〇万円までは年一八％と決めているが、それを超える高利息で融資は行われ、利息の返済がきつくなると、他の金融業者からの借金を勧められ、次々と借金がかさみ、多重債務に追い込まれてしまう。

昨年度、自己破産したのは二〇七〇件。また債務による調停事件は三万一三四七件もある。さらにこの五年間で自殺した人は三五〇人に上っている。

宮里さんによれば、年代的には三〇—五〇歳代、また自己破産では七対三で女性が圧倒的に多いという。

失業率八・二%の沖縄では、まず何よりも経済的な安定が必要である。県社会福祉協議会では、今年八月から手続きを簡素化し、五万円までの融資ができる制度を立ち上げているが、生活に困った時、気軽に相談ができ、安心して借りられる「生活支援資金」の制度がもっと充実し、市民にも知らされることが大切だとぼくは思った。

「模合」という相互扶助のシステムを育ててきた沖縄で、今、真剣に経済生活を支え合うセーフティーネット形成が求められている。

福祉オンブズマン活動開始

「おきなわ福祉オンブズマン」が正式に発足したのは、今年（二〇〇三年）の九月二八日。

その後、理事会で八人の福祉オンブズマンが認定され、一一月から実際にオンブズマン活動が開始されている。

ぼくも第一期のオンブズマンの一人になり、担当となった「ゆいの郷」（知的障害者更生施設）にほかの三人のオンブズマンの方々と伺った。

施設の実情に合った活動を

施設に着くと、すぐに食堂に案内され、集まっていた利用者の方々に紹介されることになった。

「これから皆さんの話を聞いてくれるオンブズマンの方々です」と城間義政施設長が紹介してくれると期待を込めた拍手が沸き、うれしかった。

施設には「協力員」という二人の職員がいる。協力員は相談希望者とオンブズマンの調整をしてくれる職員。

その日、ぼくは男女二人の方と面接をした。

「私、職員と一緒に外出して買い物したり、食事したりするのがとっても好きです」

「私、足が悪いので廊下に手すりをつけてほしいです」

話に夢中で四五分の約束の時間はたちまち過ぎてしまう。廊下に出ると「この次、お願いします」と声をかけてくれる。

一二月一四日には、オンブズマン制度を保護者にも地域の方々にも知っていただくための学習会も開かれた。この場でも四人のオンブズマンの紹介が行われ、利用者が声を出せることと施設のサービスが充実していくことの大切さが確認され、オンブズマン活動への認識も探まってきた。

先日は、こうした各施設での活動を踏まえて、「第一回オンブズマン委員会」が開かれ、活動報告と今後の課題が話し合われた。

まず利用者とゆっくり時間をかけて知り合っていくという活動からスタートした施設もある。「ゆいの郷」のように次々と相談が出てくるところもある。それぞれの施設の実情に合わせ、利用者の声をどのように福祉サービスにつなげていけるのか、今後はその課題に取り組むことになる。

師走の街にホームレス

生活の基本を保障

まもなく今年も暮れようとしている師走の街は寒さもきびしい。この寒さの中で夜を明かさざるをえない野宿生活者（ホームレス）をよく見かけるようになった。今年（二〇〇三年）行われた厚生労働省の「ホームレス実態調査」では、全国では二万五〇〇〇人、那覇市では七九人が確認されている。

全国の自治体では今後、より詳しい実態調査を行い、その対策を立てることになっている。三年前、ぼくは厚生労働省の「社会的な援助を要する人々に対する社会福祉の在り方に関する検討委員会」のメンバーに指名され、その報告書をまとめた。その中で、経済的な貧困が確実に進行し、拡大していることを指摘した。

青少年のいじめや虐待、犯罪行為もこうした流れの中にあり、社会的排除の傾向も生まれてきた。その典型が野宿生活者であると考え、その対策が緊急に必要であることを強調したのであった。その結果、成立したのが「ホームレス自立支援法」（二〇〇二年）である。

野宿生活をせねばならない人々は、就労、居住、医療といった暮らしに不可欠な条件を奪われており、生活の基本が保障されていない方々である。

わずかの予算で、あたたかな部屋と安心できる医療が受けられる。また雇用の創出は、もっとも基本の課題である。

今年の「社会福祉原論」の講義では、こうした問題を学生諸君と考えてきた。

学生の感想にはこう書かれている。「ホームレスの調査など、ホームレスに関する活動があれば参加したいです」「沖縄でも越冬支援の活動が必要ですね」

すぐに公園での聞き取りや個人的に支援活動を始めた学生もいる。路上生活者からは親しみをこめたメッセージも届いている。

本年度のリポートは、「ホームレス論」とした。

どのようなリポートが届くか、楽しみだ。来年は希望に満ちた年となってほしい。

「夜間中学」ぜひ応援を

学ぶことは楽しい

昨年の暮れから正月にかけて、横浜の実家に戻り、久しぶりに家族全員が顔をそろえた。長男一家も外国から戻り、これから横浜で暮らすことになったのだが、妻も子どもたちも日本語がうまく話せない。これから保育園、小学校へと上がっていくのも大変だろうという気がした。

横浜にあるＮＰＯ法人「楠の木学園」が、今年一〇周年を迎え、記念集会の打ち合わせに参加した。ぼくは今も学園の後援会の代表をしている。

楠の木学園はＬＤ（学習障害）や不登校、さまざまなハンディキャップのある子どもたちが、中学校を卒業した後、学びながら社会に巣立つ場として親たちが立ち上げたフリースクールである。

生徒数三〇人ほどの小さな学び舎だが、専攻科もあり二〇歳まで学ぶことができる。社会人になったある卒園生は、こう書いている。

「はじめのころは失敗するとすごく落ち込んでしまったが、実習に行ってみてプロの人でも失敗があることを見たりして、失敗は誰にでもあるあたり前のことと分かり、知らないことを、つらい思いで我慢しなくてもいいと思えるようになった」

「勉強は分からないことが分かるようになることなんだ。分からないことが分かるようになることは楽しいことなんだ。だからそれを楽しめばいいんだと思うようになった」（『巣立ちへの伴走』武藤啓司編、社会評論社）

ぼくのゼミにも、沖縄のＬＤ、ＡＤＨＤ（注意欠陥・多動性障害）親の会「はばたき」に参加しながら卒論を書いている学生がいる。子どもたちと接しながら、子どものペースで一緒に歩いていく大切さを教えられたようだ。沖縄では今春から、フリースクール「珊瑚舎スコーレ」が、学べなかった人々のための「夜間中学」を開講する。

「楠の木学園」一〇周年のテーマは「一人ひとりを大切にする学び舎、一人ひとりが大切にされる社会」である。これが福祉社会の基本であることを再確認して、孫たちも育てていきたい。

地域密着の共同店

本島の北部や中部に行くと国道沿いに「共同店」と書かれた店がある。主に生活用品（雑貨）や食料が販売されているのだが、その名にひかれてよく買い物をする。国頭村《くにがみ》奥にある共同店に寄った時、共同店の規約を見せてもらった。そこには共同店からでた利益をどのようにムラ人に還元するかということが書かれていた。例えば奨学資金とか、お金の貸し付け（病人、土地購入、畜産購入など）の制度もあり、あらためて共同の役割に目を開かされた。

相互扶助の拠点

沖縄の共同店は、明治末期に奥部落で最初に設立され各地に広がっていったとされている。その特徴は、ムラ人全員による出費と、ムラ人の総意による運営にあり、その利益はムラに還元されることになっている。

したがって、共同店には経済的、文化的、そして福祉的機能が備わっており、ムラにおける相互扶助の拠点ということができる。

一九七八年の沖縄国際大学南島文化研究所の調査では約一二〇軒の共同店が確認されている。最近行われた沖縄大学地域研究所の調査では、その数は約半数近くに減っているという(『戦後沖縄の共同店の変容』二〇〇三年三月刊)。

この報告の中で、共同店が弁当を作り、高齢者に届けている例や、高齢者の安否確認、健康チェックを行っている事例も紹介されている。

東村高江区では、高齢者の作った民芸品を販売しているという。「ここにいると、自分のイエのような気がするサ」と、買い物に来たオバアは笑う。

毎日、早朝から夜まで開店している共同店は、地域の人々の相互扶助(福祉文化)の拠点としての役割を持っている気がする。コンビニやチェーン店の進出の中で、地域に密着した共同店は、地域福祉の貴重な財産。

協同組合的な要素も取り入れ、共同店によるネットワークが形成されれば、新しい福祉の展開が共同店から始まるのではないだろうか。

社会福祉士になること

社会変革のパイオニア

一七日、ぼくは沖大で行われている「社会福祉士受験対策講座」の本年度最終講義に参加していた。

学生たちは、熱心に過去の問題集に取り組んでいた。「社会福祉士及び介護福祉士法」が制定されたのは一九八七年。以来、社会福祉士という国家資格をもつソーシャルワーカーは全国で四万人を超えている。ぼくも、その一人である。

講義が終了して、ぼくは学生諸君に「期待されているソーシャルワーカー像」について話させてもらった。その中で、「安心して生きられる社会」「一人ひとりの可能性を実現できる社会」を目指していく社会変革のパイオニアになってほしいと、ぼくは力を込めて語った。

講座終了後、学生食堂に場を移してささやかな激励会を開いたのだが、昨年、社会福祉士に合格した卒業生も駆けつけてくれた。

「私は今、児童館で仕事をしていますが、学校や家庭訪問もしたりして、知識だけではない生きていくための能力が求められていると実感しています」

「福祉事務所のケースワーカーとして仕事をしていますが、社会資源に乏しく、福祉予算も削られていく中で、予想以上に厳しい現実に負けそうになることもあります。でも相談に来る方々の方がもっとつらいと思い、頑張るつもりです」

社会福祉士になるということは、沖縄の厳しい現実を引き受け、共に状況を変えていこうと決意することでもあるのだと、ぼくは卒業生の話を聞きながら考えていた。

ソーシャルワーカーは、既存の職場に就職するということだけではなく、高齢者や引きこもっている若者、何かしたいけれど、何をしていいのか分からないという人々のニーズを受けとめ、つなぎ合わせ、使われていない土地や家屋などを活用して、福祉活動をつくりだす役割も担っている。

二五日は国家試験の日である。沖縄に希望の灯をともさんと挑戦する受験生諸君に心をこめてエールを送りたい。

家族を支える児童相談所

地域市民の協力が必要

大阪府岸和田市で、中学生の長男に食事を与えないなどの虐待を一年余りも続けていたことが分かった。両親は逮捕されたが、同時に児童相談所が、この家族と十分に関われなかった点も批判されている。

ぼくも横浜の児童相談所でケースワーカーをしていたのだが、こうした事件の背景には、貧困や社会構造の矛盾やひずみがある。

不安定な生活の中で、社会的に孤立し、閉ざされた家庭の中で、養育不安、養育放棄が生まれ、子どもへの虐待や暴力へと発展してしまう。

こうして社会への不信感、拒否感を持ってしまった親子に接し、語り合うことはとても難しい。

先日、ぼくは、児童相談所が企画している「子どもの権利ノート」の編集委員会に参加した。児童施設のための権利ノートの続編として、今回は里親家庭用のものだが、あらためて「家族

（親子）」について考えさせられた。

「同じ家に住んで、うれしい気持ちや楽しい気持ち、ときには苦しかったり悲しかったりする気持ちを共に感じながら生活する里親さんは、あなたの〈家族〉になるのです」という文章が、その中にある。苦楽を共にしながら支え合い、信頼感をはぐくんでいく場、それが家族。

この家族を支えていく児童相談所が沖縄にできたのは一九五四年。そして、現在の首里石嶺に中央児童相談所が設立されたのは六六年三月。

正面玄関には大理石の上に「アメリカ合衆国より琉球住民に贈る」と刻まれていた。七二年の復帰を経て、中央児童相談所には、県民とともに地域で子育てをするための調整役が求められている。

児相だけで孤立した家族を支えることはできない。地域の市民、ボランティア、そして自治会、社協、学童保育、児童委員、子ども会、学校などとも協力する必要がある。

三〇日、中央児童相談所は新築され、落成式を行う。次世代を育てる拠点として、職員増も含め、内容面での充実を期待したい。

心に残る学生の報告集

現実に触れ本質を知る

今年の「現場実習報告会」が先日、沖縄大学の大教室で行われた。実習をお願いした職場は七二カ所、また実習した学生は一二八人という大変な数で、ぼくらも苦労したのだが、三〇〇ページを超える「報告集」を読みながら、実習の大切さをあらためて考えさせられた。特に、福祉サービスの利用者と直接かかわった学生の感想が心に残った。

離島の精神障害者生活支援センターで実習した与那覇寿乃さんは、アルコール依存症のAさんとかかわった。

親を亡くし、寂しさを紛らわすためにアルコールに依存することになったAさんの家庭訪問に同行した与那覇さんは、その場で衰弱したAさんを即入院させるという現実に立ち会うことになる。この日、Aさんを訪ねなければ、命の危険性もあったという現実の前で、与那覇さんは一瞬も手をぬくことができない厳しさを学んだ。

県内のある相談機関へ実習に行ったKさんは、夫の暴力のため離婚したSさんが、夫の元に残してきた息子に対する暴力が続いているため、親権変更を申し立てた家裁の審理へ同行した。そして、前夫におびえ続けるSさんの姿を見る。「証言するときにも、あたかも前夫がそばにいるようなおびえた表情を見て、胸がつぶれる思いがした」とKさんは書いている。

また、県中部福祉保健所で実習した伊波秀輝さんは、車いすというハンディを背負っての実習であったが、職員の方々と実習仲間に支えられて実習をクリアしていく過程で「深刻な生活実態を前にしたときのケースワーカーの方の優しいまなざしや、ウチナーグチを交えての話し方」を見て、その場面が脳裏に焼き付いていると書いている。

人と実際にかかわること、現実の生々しい生活と触れること、その中から学生諸君は福祉の本質をつかんでいくのだと、この「報告集」を読みながら感じていた。

多くの学生を受け入れてくださった職場の方々に感謝しつつ、この「報告集」を読み返している。

福祉の立場で戦争に反対

ついに自衛隊がイラクに派遣されることになってしまった。このことと沖縄の福祉とは無関係ではない。社会福祉も教育も共に「日本国憲法」によって保障された私たちの権利である。

憲法九条には「国権の発動たる戦争と、武力による威嚇又は武力の行使は、国際紛争を解決する手段としては永久にこれを放棄する」「陸海空軍その他の戦力は、これを保持しない」と明確に書かれている。

地上戦によって多くの命を失った沖縄にとって、この憲法の条文は亡くなった人々との約束でもあり、魂をこめた誓いであった。

昨年末の『沖縄タイムス』論壇に載った後藤剛さんの「最大の防衛は、まず敵をつくらないことだ」という意見にぼくは賛成する。

日本は仮想敵国をつくり、軍事予算を膨大に増やし、米軍基地の存在を正当化してきた。

日本の軍事費は、世界第三位の約五兆円といわれている。これだけの予算を、国内および国外の貧しい人々、生活に苦しんでいる人々に使えば、沖縄の福祉問題は一挙に解決してしまう。

六日、ぼくら夫婦は宜野湾市民会館で行われた「教育文化フォーラム in 沖縄」に参加した。基調講演の中で高橋哲也さん（東大教授）は、教育基本法の改正によって、ますます競争主義が強化され、一部の超エリートと一般市民に分離され、その統合のために国家主義教育が強調されると指摘した。日の丸、君が代の強制と「心のノート」「愛国心通知表」の導入。

いわば、戦争のできる国づくりが目の前で行われ始めたことになる。あらためて教育基本法を学び始めた主婦の仲松典子さん。強制されるボランティアはおかしいと発言した稲福絵梨香さん（沖大生）。「教育とはものを考える自由を学ぶこと」と発言された宮城達さん（教師）、長谷川孝さん（評論家）。福祉とは、対話と信頼の社会をつくること。

ぼくは、沖縄の福祉を実現するためには「戦争」に反対し、「命こそ宝」を実践することだとあらためて思った。

農業盛ん漁業条件よし

与那国島の新たな島づくり

ぼくら夫婦は、結婚して三〇年目を迎え、この記念日に、日本最西端の島、与那国《よなぐに》島を訪ねることにした。

島の中心にある十山神社におまいりをした後、与那国町社会福祉協議会を訪ねる。設立一〇周年を迎え、保健センターの隣に移転したばかりの社協は、まだ新しい。島の人口は一七七六人。そのうち六五歳以上の老人は三三六人という。

日に焼け、たくましい職員の田島政之さんと話していると、田島さんは沖縄大学の出身だという。「宇井純先生はお元気ですか。ぼくは山門先生のゼミでした」という言葉で、一気に話は盛り上がった。島の高齢化率は二〇%を超え、昨年一人暮らしの老人が亡くなり、三日後に発見されたという。

島中が顔見知りだったこれまでの生活では考えられないことだが、現在は島外からやってきた人が多く、つき合いも疎遠になっているという。

水は豊富で、農業も盛んだし漁業の立地条件もよく、老人もみな働いていた。

カゴづくりや子守など老人の仕事も多かった。

特別養護老人ホーム「月桃の里」にも寄ってみる。ダンヌ浜に面した落ち着いたホームには三〇人の老人が生活していた。

島人にとって、老人は家族、親族がみるものという考えが強く、入所者の半数以上は島外や内地の人だという。

この島には火葬場がなく、土葬をする風習がある。したがって島外の人が亡くなったときは大変だという。

与那国民俗資料館では、池間苗さん（八五歳）に案内していただく。お元気な苗さんは島の文化財委員長を務め、本も出版している。

この島ではかつて、女酋長サンアイ・イソバが豊かな祭政一致の生活をつくりあげていた。

こうした伝統の上に新たな支えあいの島づくりを期待したい。

父の言葉、発明で実践

「人のため役立つ仕事」

先日、大学の研究室に座喜味美恵子さんという年配の方から電話があった。この連載を読み、ぜひ会いたいという。仕事が終わった後、具志川《ぐしかわ》市にある座喜味さんのお宅を訪ねた。

座喜味さんは七〇歳。五三歳の時に手足がしびれ頸椎ヘルニアとなり、痛みもひどく動くこともできなくなってしまったという。

病院で紹介された「けん引具」では、からだに合わず、痛みもあり引っ張られて苦しい。そこで自分なりに工夫して「頭部けん引具」をつくり着装してみると、痛みもなくなり楽になったので、ほかの人にも使ってもらいたいと考え、特許の出願をした。素人なので苦労も多かったが、二〇〇〇年に頸椎ヘルニア治療用の「頸椎けん引具」の特許を取得することができた。

座喜味さんは一九三三年に宮古島の寺の娘として生まれ、何不自由ない子ども時代を送ったという。ところが、第二次世界大戦ですべてが焼け、親兄弟も失い孤児となった。この時、わずか一二歳。

住む所、食べ物にも不自由な中で暮らし、夫君と二五歳で出会って結婚。四人の子どもを育てきた。僧侶であったお父さんは亡くなる時、美恵子さんの手を握り「お前だけは生きてくれ、そして人のために役立つ仕事をしてくれ」と言ったという。それがいまだと感じている。

利用者の状況に合わせた手づくりの補装具は材料費、制作費をきりつめてもひとつ五万円になってしまう。現在、沖縄には約二万人、全国では三〇万人の患者がいる。しかし、患者の多くは貧しく生活保護受給者も多い。とても費用が出せない。座喜味さんは、けん引具の着装をしてから、夜もぐっすり眠れ、電動バイクで外出もしている。

昨年、「頚椎ヘルニア友の会」をつくった。問い合わせが一〇〇件を超えたという。

座喜味さんは、苦しんでいる方々に補装具を提供したいので、利用できる補助金制度や、支援してくれる財団などを探している。ぜひ力を借してほしい。

実習生受け入れで苦労

二月二五日の午前、琉球大学、沖縄国際大学の社会福祉実習にかかわっておられる先生方に集まっていただき、沖縄大学の実習室で、情報交流の話し合いをもった。忙しい学年末の時期にもかかわらず、九人の先生方が集まり、熱心な話し合いとなった。沖縄には県立看護大学を含め六つの大学と一一の専門学校が「福祉人材養成機関」として認められている。

それぞれの学校では、社会福祉の人材を養成するプログラム（カリキュラム）をつくり、講義や演習、そして実習指導を行っている。

特に実習は、直接社会福祉現場に入り、職員の一人として業務を行い、援助サービスにかかわる大切な経験である。

この実習期間が、春休み、夏休みに集中するため福祉現場では、実習生の指導で忙しくなる。また、それぞれの学校で実習の形式や内容も異なることも多く、現場の苦労も大きい。

そこで、養成機関である大学が話し合い、共通にできるものは同じ内容にし、実習生や現場の希望を生かした実習を行いたいと考えたのだった。

この日の話し合いで、沖縄の福祉を担う人材を育て、送り出すことを共通の目標にして、協力し合っていくことが確認された。

そして、この集まりを継続しながら、県の福祉行政を担う方々や社協、施設協議会の方々などとも話し合いを重ね、沖縄全体の福祉の向上を考えていくことになった。

福祉は、結局のところ「人」の問題であるといわれる。養成機関と行政、現場が一つになって、今後の社会福祉の施策の展望をつくりながら、人材を育て、活動してもらえるシステムがつくられるとうれしい。

二月二七、二八日は、九州地区の養成機関の連絡会にも参加したが、社会福祉制度の充実と人材養成の大切さをヒシヒシと感じた。

大学や専門学校の役割をジックリと考え、現場と協力しつつ、学生とかかわっていきたい。

「久高島宿泊交流館」の活動

島で鍛えられる子どもら

先日、児童福祉に詳しい淑徳大学の小木曽宏先生が学生と訪ねてこられ、久高島に行った。揺れる船で二五分。ヤグルガー、カベール、クボー御嶽など拝所を回り、午後、久高島留学センターに代表の坂本清治さん（四三歳）を訪ねる。

久高島は、人口が約二九〇人。人口減少が続いている。そこでこの島出身者が中心になって振興会を結成し、「久高島宿泊交流館」が完成した。

この一階を借り、坂本さんが留学センターを開設したのは二〇〇一年。以来、各地から一四人の子どもたちが集まり、共同生活をしながら地元の小中学校に通っている。

坂本さんは横浜の出身。琉球大学で学び、社会問題の多くは教育に起因すると痛感し、本島の西原町で一五年余り、学習塾を続け、久高島での生活ぐるみの学びの場を始めた。

現在は、学校で傷つき、元気をなくした少年少女がやってくるが、この島で暮らしながら眠っていた「生きる意欲」を取り戻していくという。

島には、子ども（いのちあるもの）は天からの授かりものという発想がある。島に来た子どもに「何かやりたいことある？」と聞くと、「わかんない」と答える。やがて、楽しそうに海に飛び込む仲間や海人の姿を見て、海に飛び込みたいと思うようになる。飛び込むためには泳がねばならない。

こうして、やりたいというスイッチが入り、海や自然、仕事に鍛えられ、子どもたちは見違えるほどたくましくなる。「都会の中には、子どもが鍛えられていく場がないですね」と話す坂本さん。

四月からは、交流館の隣に県や市からの補助金を受け、独立した留学センターが完成する。坂本さんの思いが、行政にも理解されたということだ。

食堂「けい」で、イザイホーに二回参加したという婦人が「この島は神の島。石も木も人間もみな天からの授かりものよ。粗末にしたらいけないよ」と笑った。

いたわり合いの心も、ここに原点がある。

島マス塾のひとづくり

「心の痛み」が活動の基本

「行くあてのない児童たちを、ただちに引き取ってくれる施設はありませんでした。心の痛みに耐えかねてこの子たちを自分の家へつれてきて面倒をみることにしました。そうすることしか方法がなかったのです」（島マスの言葉）

戦後の沖縄の社会福祉の歴史の象徴的存在である島マスが、二九年余りの小学校教師をやめ、コザ児童保護所を設立したのは一九五二年。

以来、中部地区社協の事務局長や更生保護婦人会の初代会長など、さまざまな福祉活動にかかわり、島マスは八八年に亡くなった。

沖縄市社協は、島マスの生き方を基本において、地域を愛し誇れる若い人材の育成を目的とした「島マス記念塾」という全国的にもユニークな試みを九三年に始めている。

今年、第一二期の塾生募集がスタートし、その説明会が先日、沖縄市社会福祉センターの島マス記念塾講堂で行われた。

この塾に関心のあったぼくは、この夜、妻と一緒に参加した。会場には一〇人余りの若者が熱心に説明を聞き、質問をしていた。

沖縄市社協の常務理事、伊佐真栄さんの説明によると、この塾は毎週金曜日の夜に行われ、社会福祉はもとより、経済、文化、法律、医療などの分野の著名な講師約二〇人により、講義やディスカッション、フィールドワークなどが一年間にわたって行われるという。

「沖縄の方言でいうチムグリサン（心が痛む）という言葉に私は感動しています。自分も腹をすかしながら、少ない食事の中から分けてやらなければ〈自身の心が痛む〉という沖縄の民衆の心のありように感動するのです」（島マスの言葉）

現代は、厳しい不況と、不安定な生活の中で、チムグリサンという福祉哲学を基本に島マス記念塾は、ますます重要性を増しているように思える。

そして、ほっておけない、やむにやまれず行動するという実践を制度にまで高める責任が行政には求められている。

素朴で魅力ある渡名喜島

知恵出し合い島づくり

二二、二三日の二日間、渡名喜島《となき》を訪ねた。

沖縄大学地域研究所では本年度から「戦後沖縄の離島社会における社会変動と発展モデル」という総合研究に取り組んでいる。

ぼくはその中の「少子高齢化社会における近海離島の文化伝承」の担当だ。渡名喜島の人口は、ピーク時（一九六〇年）で、一四八五人だったが、現在は四七七人。しかも高齢化率は四〇％。

島の高台にある里（御嶽）にのぼると、北に粟国島、南に慶良間諸島、西に久米島が望める。そして目の前には射撃場となっている入砂島が美しいリーフに囲まれて浮かんでいる。

渡名喜小中学校を訪ね、大城盛安校長のお話を伺う。現在、小学校三〇人、中学校一六人。幼稚園は二人とのこと。近々、中学校は二クラスとなり、複式になり、教員も減員されるという。

中学校を卒業すると、ほとんどの生徒は本島の高校へ進学する。一緒に母親も世話をするため島を離れる例が多いという。

島での仕事は農業、漁業、建設、サービス業、公務員等があるが、なかなか安定した職はない。島には民宿が三軒あるが、食堂はない。

「何よりも雇用の受け皿をつくることが必要」と大城校長は言う。路面よりも低い家、フク木の垣根、そして白砂の細い道。国の重要伝統的建造物群保存地区に選定された美しい家並み。

島の老人福祉センターではミニデイサービスが行われていた。

今年一月の成人式は、一三年ぶりに復活し、島出身の六人の若者の成人を島ぐるみで祝った。「島に生まれてよかった」という壁画が並ぶ校舎で出会った子どもたちは明るく、こんにちはと声をかけてくれる。

素朴で美しい島の魅力を生かし、島ぐるみで福祉や学びの場をつくり、ゆっくりと心も体も休める宿泊施設や、お年寄りの作った民芸品や料理の提供、島の特産品を作ることも可能だろう。知恵を出し合い住みたくなる島づくりを考えたい。

住民主役の町づくり

ぼくはいま、那覇市保健福祉医療審議会の委員をしている。ここでのテーマは「いかに地域で一人ひとりが安心して暮らしていけるか」にある。この審議会にはいくつかの部会があり、ぼくは「地域福祉計画部会」に所属している。

メンバーは、ぼくのほかに「NPO法人コミュニティおきなわ」の石原絹子さん、「地域協働クリエイトスタディチーム」の阪井暖子さん、自治会役員の宮城栄三さん、糸数武さん、上江田清助さん、そして市民代表の早川忠光さん。

小地域で住民の方々とゆっくり時間をかけて話し合いながら生活課題を見つけるために「ワークショップ方式」を採用することにした。そして、市内の四つの小学校区をモデル地区とし、参加者それぞれの思い、本音を出し合い、その地域固有の課題やニーズを見つけ、さらに解決策まで探る試みである。

調整役の育成も課題

住民の方から参加者を募り、四月から八月まで四地区で月二回ぐらいのペースで話し合い、その課題を審理し、掘り下げる計画にしている。

こうした方法は、一人ひとりの住民の思いを受け止め、つなぎ合わせ、一つの形にしていくことにつながる。さらに、まとまってきた課題を行政や社協とどのように連携し、相互に協力していくところまで進んでいく。

つまり、コーディネートをする人が必要になるということである。

こうした地域福祉をつくりあげるコーディネーターをいかに発見し、あるいは、この活動から生み出すかということも、この部会の課題だ。

先日、障害のある人のためのプランが審議会で報告されたが、ここでも障害のある市民によるワークショップがあり、生活支援センターの設置など当事者の意見を反映した形でまとめた。

住民の一人ひとりが主人公になる地域づくりの一歩になればいいと思いつつ、四月からのワークショップにかかわりたいと思っている。

那覇市の取り組みにこれからも関心を持ち続けたい。

現実を直視する姿勢学ぶ

公害と向き合った水俣市

今年の沖縄大学の入学式では、前水俣市長の吉井正澄さんが記念講演を行った。吉井さんは一九九四年、六二歳で水俣市長に初当選され、以来二期八年にわたって市長を務められた方である。それまで豊かな漁村であった水俣市は、チッソ工場の建設によって日本最大の塩化ビニール生産の町となり、チッソに依存し、そして悲惨な公害の被害に遭った。そして水俣のイメージは一変し、公害の町として差別と偏見の中、もっとも貧しく住みたくない町となってしまった。

吉井さんは、苦しくとも水俣から逃げていては何も変わらないと考え、まずきちんと水俣と向かい合うことにした。そして、相手を変えたいと考える発想から、まず自分が変わるという発想に切り替えた。吉井さんは行政担当者として初めて、水俣病患者に謝罪し、患者主催の慰霊会にも参加した。そこから患者との対話が始まった。

「経済発展と競争」。それが、これまでの社会目標であった。吉井さんは患者との対話の中から「環境、健康、福祉」のまちづくりこそ、二一世紀の目標ではないかと考えた。

こうして水俣市では、「平和で安全、持続可能な社会づくり」が共通の目標となり、「もやい直し」の活動が始まる。多様な価値観を認め合い、十分に語り合う。そして、自然の循環、復元力を壊さず生かしていく。そうした活動から市民の共生力が生まれ、現在では水俣は「環境モデル都市」へと生まれ変わった。「マイナスの遺産をプラスの資産へ」。それが吉井さんのメッセージ。

今年三月、新崎盛暉学長から新著『新たな思想は創れるか』（凱風社）をいただいた。その扉に「絶望的状況の中から希望を見いだす努力を続けたい」と書いてくださった。

沖縄もいま、再び戦争への危機と生活不安の中にある。この状況をどうプラスへ展開できるか。ぼくも、現実から逃げず、自分を変えていく生き方をしたい。

チャイルドライン設立を

全国で五〇以上の団体活動

先日、子どもがかける子ども専用電話「チャイルドライン」について学び、沖縄でもその活動を始めようという集まりがあった。チャイルドラインは、子どもたちが自由に話のできる場を保障する一つの試み。

一九八六年、イギリスのロンドンで始まったチャイルドラインは、瞬く間に全世界に広がり、日本でも九六年に東京都世田谷区でチャイルドラインが開設され、現在では全国で五〇以上の団体が活動している。内容はいじめられたこと、つらいことなど、さまざまだという。

九九年には、NPO法人「チャイルドライン支援センター」が設立され、各地での開設支援や研修や交流の中心として活動している。

今回は「せたがやチャイルドライン」の運営委員で、支援センターの常任理事でもある澤畑勉さんを迎え、チャイルドラインとは何かについて話し合いが行われた。

会場には、南部農林高校教師で、ボランティア活動に取り組んでいる金城利信さんや児童福祉文化協会の渡真利源吉さん、チャイルドライン準備会の藤田桂子さんら市民、学生が三〇人ほど参加していた。

子どもたちの生活環境は経済優先社会の中で大きく変化し、山は崩され、川はコンクリートで覆われ、野原や空き地にはマンションや工場が立つ。子どもたちがのびのびと育つ「遊び場」や、子どもの時間が奪われ、家庭も生産の場から消費の場と変化し、学校も生活の場ではなくなった。

「主導者は子ども」という方針をもつこの試みを沖縄で始めるには、まず沖縄の子どもたちの現実を知ること、そして電話の受け手の研修、さらには活動を支える財源の確保などが必要になる。

澤畑さんは「この活動には資格はいらない。必要なのは、聞く力のある資質だ」と言う。

この集まりが沖縄の子どもにかかわる多くの人々の交流と協力によって、今後発展してほしいと願っている。

聴覚障害のある新入生

学生二〇人がサポート体制

今年の四月から、ぼくは沖縄大学の学生部長になった。思いもかけないことであったが、さっそくさまざまな問題とかかわることになり、考えさせられている。

その一つに、聴覚障害の新入生T君との出会いがある。T君は少年のころ、発熱がもとで両耳が聞こえなくなり、難聴となった。

しかし、両親のあたたかな養育と、小中学校での熱心な対応でスクスクと成長してきた。

高校時代には、いろいろと悩みもあったが、大検に合格し、大学進学を志すことになった。

そのころ、友人と沖縄を訪ねたT君は、これまで育ってきた東京を離れ、豊かな自然に恵まれた沖縄の大学で学びたいと考えるようになった。そして、両親とも離れ、自立して生きるため、単身で沖大を受験するのである。

入学試験の面接では筆談となったが、T君は明るく好感が持てた。そして将来は福祉の仕事をしたいという夢を語ってくれた。

こうしてT君は沖大に入学し、大学近くのアパートでの一人暮らしが始まったのである。T君は難聴であり、講義を聴くことができない。どうしてもノートテイク（要約筆記）などのサポートが必要になる。

こうしたT君の存在を知って、二〇人を超える学生が集まり、サポート体制ができあがった。しかし、ノートテイクは、なかなか難しい。

そこで、ノートテイクの入門講座を県の難聴協会の方を講師に連休明けから開くことにした。T君の入学は学生たちにも、また講義をする教師にとっても新しい体験である。実際に聴覚障害に触れ、お互いに学び合い成長していく。

相手の立場に立ってお互いに理解し、協力し合うことが福祉だとすれば、こうした関係こそが必要だったと思える。学生部の仕事は、こうした生活を側面から支えていくことだと思うのだが、もう一歩踏み込んで、大学に「ボランティアセンター」をつくりたいなァという夢も膨らんできた。

島は人と自然の共同体

生きる場選ぶ過程が必要

沖縄で暮らすようになって三年目に入った。

この間、小さな月刊誌に「海と島のある風景」という連載を始め、沖縄の島々を回っている。島は一つの共同体であり、人と自然の共生する空間である。島で生きるためには、一人ひとりがこの場を選ぶという決意のようなものが必要だという気がしてならない。

ぼくは、いま、久米《くめ》島にいる。気持ちのよい朝の風と光の中で、この原稿を書いている。久米島は今回で三回目なのだが、前回、この島で町史編さんの担当をしている後藤剛さんとお会いした。後藤さんは東京の大学の教員をしていたが、この島に心引かれ、住人になった。今回は後藤さんと、仲間の方々に会いたいと思っていた。会場は「民宿宮城」。ここを会場に「久米島大学」というユニークな学び合いが開催されている。

島全体が教室、誰もが先生であり生徒であるという発想は、胸の高鳴るようなイメージだ。

久米島町の収入役、松元徹さんは「久米島の自然と文化に親しむ会」のメンバーでもある。若いころ、島を出たくて上京、八ヵ月に及ぶ世界一周も体験した。その後、高校教師、ヒマラヤ遠征などを経て、この島に生きることを決意したという。民宿を経営する宮城清さんも若いころ、東京へ出て、大学で建築学を学び、現場での経験の後、二九歳で久米島に戻ってきた。

宮城さんは、山の中に丸太小屋を建て、都会の子どもと島の子どもの交流の場をつくるというのが夢だという。夜、文化課の青年、中島徹也さんの案内でホタルを見る。闇の中に飛び交うクロイワホタルの輝き。夜もふけ、サンシンに合わせて歌が出る。後藤さんの孫、ユナちゃん（二歳半）もうれしそうに踊りだす。

共同体の一員として島で生きるためには、一度、島の外に出、生きる場を選びとるプロセスが必要なのかもしれない。島の立神岩（タチジャミイワ）が風雪に耐えて、リンとして立つ姿が、ぼくにそのことを教えてくれた。

社会福祉実習を通して

母子世帯に集中する生活苦

再び社会福祉実習の季節がめぐってきた。

今年は、母子生活支援施設（旧「母子寮」）への実習を希望する学生が何人かいたため、実習依頼をしたところ、昨年までは実現できなかった母子生活支援施設への実習が可能になった。

そこで先日、首里にある那覇市母子生活支援センター「さくら」を訪ねた。同センターには「配偶者のいない女子、またはこれに準ずる事情にある女子とその児童を入所させ、母と子の安定と自立を援助する」という役割がある。

そのため、生活上の困難を抱えた母子世帯が利用している。「さくら」では「相談事業」や、病気回復期にある子どもを「一時的に預かる事業」さらに、生活自立するまで「短期入所生活援助事業」などを行っている。

この日、開設されて間もない施設内を案内していただいた。定員は二〇世帯。

ここで暮らす子どもたちの学習を見てくれたり、一緒に遊んでくれるボランティアがほしいと小谷弘子施設長は言われる。

翌日、那覇市のこども課を訪ねた。

渡嘉敷操課長から、完成したばかりの『ひとり親家庭実態調査報告書』をいただく。

この資料によると、那覇市には約六五〇〇世帯の母子家庭があると推定されており、母子家庭の収入は低く、五万円以上一五万円未満が七割を占めている。

その足で、県庁の行政資料室へ行き、調べてみると、県内の母子世帯は約二万世帯。父子世帯は四〇〇〇世帯。母子世帯が全世帯に占める割合は、沖縄では四・七一％。全国平均（二・一四％）よりはるかに高い。さらに、生活保護率も、全国の中で三番目に高く、失業率も全国平均を大幅に上回っている。そのしわ寄せが「ひとり親家族」に集中している、と考えられる。

県内には、現在、「さくら」を含め、三つしか母子支援施設はない。今年の実習を通して、母子世帯の福祉対策を学生諸君と真剣に考えてみたい。

高齢者への虐待表面化

世界長寿宣言から一〇年

一九九五年八月、県は「世界長寿地域宣言」を発表した。その宣言には「自然と共生」し、「共に助け合っていく共生の生き方（ユイマール、イチャリバチョーデー）」を大切にしていく県民性に支えられて、県は長寿地域になれたのだと書かれていた。

六一年には那覇市で「老人クラブ」が結成され、全国に先駆けて「としよりの日」も制定されたと、『沖縄県の社会保障史』にはある。

このころ、年寄りを尊敬する風土が確かに沖縄には存在していたのである。

ところが現在、那覇市の六〇歳以上人口に対する「老人クラブ」加入率は、わずか四％である。また、九〇年には稼働している高齢者のうち、五二・七％が第一次産業（農業、漁業など）に従事していたが、二〇〇〇年には三九・八％に減少している（「県高齢者保健福祉計画」〇三年三月刊）。高齢者が社会から必要とされ、能力を生かし、発揮できる機会が確実に減ってきたことがわかる。

こうして高齢者の居場所がますます減っていき、抑圧する変化と重なるようにして、高齢者虐待という現象が表面化してきている。

昨年、県長寿対策室が行った「県高齢者虐待実態調査」（〇三年一〇月）では、二七八の在宅介護支援センターのうち、高齢者虐待を扱った職員は七三人。全体の二六・三％にも及んでいる。高齢者の虐待には、身体的虐待、心理的虐待、性的虐待のほかに、経済的虐待、介護、世話の放棄という虐待がある。

こうした背景には、さまざまなストレスが介護者にのしかかっているということもあるが、共に助け合っていくという共生の生き方が崩れつつあるという社会現象もあるような気がする。

「世界長寿地域宣言」から間もなく一〇年になる。

もう一度、沖縄のこころと精神風土を振り返り、年寄りがありのままに暮らせる社会環境を取り戻したい。

小さくてもできることを

イラクに寄せる熱い思い

快晴の五月二五日、沖縄大学の中庭に巨大な布が並べられ「平和の絵」がつくられていた。前日の二四日と二日間、学生と教員の有志による実行委員会がつくられ、これまで、北谷の広場や琉球大学、キリスト教短期大学などで行われた、この「寄せ絵」に沖大の学生や教職員も参加しようというイベントであった。

「きっかけは三人の日本人がイラクで人質になった事件でした。〈イラクの平和と三人の無事救出を願う絵を描こう〉と連画が始まりました」

「三人は解放されましたが、今でもイラクは平和とはいえません。イラクでは私たちには想像のつかない死の恐怖に直面しているのです」

暑い日差しの中、学生たちが絵や文字を描き始める。その中の言葉をメモしてみた。

「空を見よう、空の向こうで起きていることを考える。空はいつでも私たちをつなげている」

「笑顔は世界をつなぐ」「ぼくの平和、ごはんを食べて、おふろに入ること」「ヒロシマ〜イラク」「小さな輪から大きな和」「幸せになるため、ぼくらは生きる」「笑い合い、認め合い、愛し合い、癒やされ合い、許し合い、理解し合う」「お母さんの歌、愛のこもった子守歌、いつまでも歌いつがれる」

遠い異国の悲しみに何もできないと、あきらめるのではなく、小さくても自分にやれることをしようという思いが、この試みの出発点。

夕暮れの中庭で、日に焼けた学生たちの笑顔が美しかった。この絵は、この後、沖国大や沖縄女子短大などに受け継がれ、イラクへ届けられる予定だ。

ぼくも、ジュゴンの描かれたおなかに青い文字で「生キルコト、ソレハボクラノシゴト」と書いた。誰もが、その人らしく生きること、そこからすべてが始まる。

生きていれば、きっと世界はつながり合う。理不尽な死をけっして許さない。そんな思いを込めて。

福祉オンブズマン活動半年

利用者中心の支援へ

「おきなわ福祉オンブズマン」の活動がスタートして、六ヵ月余りが経過した。

この間、県内の三つの施設を定期的にオンブズマンが訪問し、利用者とゆっくり時間をかけて話し合い、日ごろ思っていることを受け止め、施設改善へとつなげてきたのだが、施設の職員の方々がどのように考えているかを伺うため、先日、事務局を担当している安慶名勝彦さん、島村聡さんと三人で各施設をお訪ねした。

「グリーンホーム」では、知的障害者の自立を支援するため、グループホーム実現の準備が進んでおり、新しい試みに向けて活気づいていた。

職員からは、利用者の年金を利用者本人が使えるよう支援してほしいという要望が出された。

障害者が地域で生活するためには、成年後見制度の活用を含め、利用者を支援することが必要になってくるというのである。

「ゆいの郷」では、父母の会の会長である仲本潤吉さんも参加され、本年度は父母の会が、オンブズマンと契約を結びたいと申し出られた。

この間、父母の会とオンブズマンとの話し合いも行われたのだが、今後は父母の方々とも密接な関係が深まりそうだ。

施設に入ると、オンブズマン四人の顔写真が大きく貼られ、次回の訪問予定日が書かれている。利用者も心待ちにしてくれるようになり、打ち解けた話もできるようになった。

知的障害者の社会就労支援センター「わかたけ」では、新たなデイケア施設の開設が計画され、ますます利用者の声を受け止めていくことの大切さが求められていると伺った。

そして、家族や保護者の悩みを受け止めることの重要さも指摘された。

こうして三施設をお訪ねして、オンブズマンの導入が着実に各施設の取り組みを深化させ、利用者中心の支援へと変わってきていることを感じることができた。今年もオンブズマン研修を計画している。多くの方々が参加され利用者中心の支援が根づくことを期待したい。

高校で増える福祉授業

支え合う社会伝えたい

先日、県立真和志高校の「福祉コース」（一年生）で、授業をしてほしいと依頼され、学校を訪問した。「支え合いの仲間づくり〜福祉文化入門」がその日の授業であった。

既に県立の陽明高校や中部農林高校では介護福祉士養成のコースを設置しているが、真和志高校でも来年から介護福祉士養成を始める予定だと玉城仁校長は言われた。

また、沖縄水産高校にも専任の福祉科教員が配置され、西原、本部両高校でも福祉の授業がある。徐々に福祉コースが設けられていくようだ。

担任の山城春香先生は、今春、沖縄大学を卒業したばかり。しかも、ぼくのゼミ生であった。とても懐かしく、並んで教室へ向かう。

教室には三八人の生徒が待っていてくれた。

ぼくは、ぼく自身の中学時代の親友K君が、大学受験の浪人中に事故で亡くなった時の話から始めた。彼とは卓球の練習の後、星を眺めながら将来の夢を語り合った仲である。

葬儀の日、K君のお母さんは「どんな障害があっても生きていてほしかった」と涙ながらに話してくれた。この言葉は、ずっとぼくの心の中に残り続けた。ほんとうに障害があっても人は生きていけるのだろうか。

生徒全員に目を閉じてもらい、黒板にぼくの名前と似顔絵を書き、何を書いたのか想像してもらった。すると、親川将君、新垣友利香さんがピタリと当てた。目が見えず耳の聞こえない状況で授業することで、障害者の苦労とともに感性の鋭さに気付いてくれた。福祉社会とは「誰もが自分のやりたいことを見つけ、それを実現できるよう支援し合う社会」なのだと、ぼくは話した。

沖大では今年、難聴の学生が入学したが、多数の学生たちが支え、元気に学んでいることを話すと、高山健吾君が「沖大に行きたい」、崎原剛君は「また話しに来てください」と言ってくれた。

今年も教育実習が始まり、学生が「福祉」の授業をする。ぜひ、見学に行きたいと思っている。

多忙すぎる児童相談所

施設充実と増員が急務

先日、長年、県の児童福祉行政に携わってこられ、一昨年まで沖縄大学の教員でもあった大城純亀さんとコザ児童相談所を訪ねた。

今年四月から就任された山内優子所長とお会いするのが目的であった。

今年、コザ児相から実習生を受け入れないという通知をいただいた。きわめて異例のことだが、その理由は、業務の多忙さであるという。

お訪ねした時も、緊急対応をしなければならない児童をめぐって所内は慌ただしかった。

山内所長は、子どもに関する相談が驚くほど増えているという事実を話された。

例えば非行相談をみると、年間二三八件（二〇〇三年）の相談があるという。全相談に占める非行相談の割合でみると、全国平均が三・九％に対し、八・二％と二倍以上になっている。

コザ児相は、非行担当職員を二人配置しており、その活動は全国的にも注目されていたのだが、とても対応しきれる数ではない。
児童虐待などその他の相談も加わり、児童福祉司は一人で二〇〇件を超える担当ケースを抱えている。緊急の児童虐待の対応で精いっぱいの状況だという。しかも、子どもたちをゆっくりと受け入れ、今後の対応を考える場である一時保護所は、中央児童相談所に一ヵ所しかなく、常時満床で利用できない。これでは、児相に相談があっても対応すらできず、書類の整理や記録を書く時間もない。職員は深夜までの勤務で疲れ果て、余裕を持って子どもたちに対応できない。

「このような状況が続けば、第二の北谷事件や児童虐待による死亡事故がおきても不思議ではありません」。山内所長の表情は厳しかった。

先月、沖縄弁護士会の定期総会では、児童相談所の児童福祉士の増員を求める決議を行った。

子どもたちが劣悪な生活環境の中で暮らしている現実を受け止め、福祉的対応を実現するには、児童相談所の充実は、緊急かつ根本的な課題だと、ぼくは思った。

平和への思い新たに

「悲しみのすべてを　等しく癒す術は　いつか見つかるのだろうか　その日まで月は　いつも変わらぬ歩みを続けるしかない　銀色の涙で　大地を濡らしながら」

昨年の六月二三日、ぼくは学生たちと伊江島を訪ね、深夜の海岸で、詩人・光原百合さんの「月の涙」という詩の一節を知った。

そして、木村浩子さんの「土の宿」に泊めていただき、どんなに小さくとも、一人ひとりの生き方が世の中を変えていくのだということを再確認したのだった。しかし、この一年、時代の流れは危険な方向へと大きく動き始めてしまった。

今年の六月二三日は、妻と学生の海野高志君と伊江島を再訪。学生たちの手記をまとめた「木村浩子さんへの手紙」という冊子をお届けし、反戦平和資料館「ヌチドゥタカラの家」にお寄りする。

「すべて剣をとる者は剣にて亡ぶ。基地をもつ国は基地で亡ぶ。核をもつ国は核で亡ぶ」

白い壁に、太く黒い文字で一年前と少しも変わらぬ迫力で書かれた文字が、胸に響く。

資料館に入る。五九年前の苦しみ、悲しみ、そして平和への激しいまでの決意が、焼けこげた衣類からつきあげるようにあふれてくる。

「広島を忘れるな　長崎を忘れるな　沖縄を忘れるな　伊江島を忘れるな　過去を忘れる者はもう一度それを繰り返す」（資料館内掲示）

伊江ビーチで、タッチューで心をこめて祈った。

見上げるまっ青な空には一面のうろこ雲。

その中に、タッチューはまるで竜の頭のようにリンとして胸をはりそびえている。

「福祉は平和な社会のなかでこそ実現できる。福祉と平和は、同時に追求されるべきで、どちらが欠けてもいけない」（やすらぎの里）

この一年、多くの方々にお会いし、さまざまな場にうかがわせていただいた。そして、いつも阿波根昌鴻さんの志が胸にあった。沖縄はぼくの故郷。

沖縄にこそ福祉の源流がある。そう確信した。

・初出『沖縄タイムス』二〇〇三年六月二三日〜二〇〇四年六月二三日

各種福祉機関

福祉人材養成機関等（県内）

No.	学校名	定員	所在地	電話番号 FAX	取得可能資格
1	琉球大学	135	〒903-0213 西原町字千原１番地	098-895-8188 FAX 895-8187	社会福祉士（※受験資格）、社会福祉主事任用資格、看護師
2	沖縄国際大学	昼80 夜15	〒901-2701 宜野湾市宜野湾2-6-1	098-892-1111 FAX 893-8936	社会福祉士（※受験資格）、精神保健福祉士（※受験資格）社会福祉主事任用資格
3	沖縄大学	昼80 夜50	〒902-8521 那覇市字国場555	098-832-1768 FAX 831-8650	社会福祉士（※受験資格）、社会福祉主事任用資格、精神保健福祉（※受験資格）
4	沖縄県立看護大学	80	〒902-0076 那覇市与儀1-24-1	098-833-8800 FAX 833-5133	看護師・保健師・助産師（※受験資格）
5	沖縄キリスト教短期大学	100	〒903-0207 西原町字翁長777	098-946-1231 FAX 946-1241	保育士、社会福祉主事任用資格
6	沖縄女子短期大学	50	〒902-0077 那覇市長田2-2-21	098-833-0716 FAX 833-3308	保育士
7	ソーシャルワーク専門学校	40	〒901-2304 北中城村字屋宜原212-1	098-933-8788 FAX 933-2477	社会福祉士（※受験資格）、介護福祉士、保育士、社会福祉主事任用資格
8	沖縄アカデミー専門学校	80	〒901-0201 豊見城市字真玉橋387-1	098-850-0101 FAX 850-0422	介護福祉士

9	沖縄福祉保育専門学校	80	〒900-0032 那覇市松山1-10-1	098-868-5796 FAX 868-5935	介護福祉士、保育士、社会福祉主事任用資格
10	沖縄リハビリテーション福祉学院	40	〒901-1393 与那原町字板良敷1380-1	098-946-1000 FAX 946-1999	介護福祉士、作業療法士、理学療法士
11	沖縄中央学園	70	〒904-0021 沖縄市胡屋5-13-2	098-933-9201 FAX 932-9188	保育士、社会福祉主事任用資格
12	育成保育カレッジ学院	75	〒901-2227 宜野湾市字地泊548	098-897-1546 FAX 897-6605	保育士、社会福祉主事任用資格
13	育英義塾教員養成学院	70	〒900-0011 那覇市上之屋403-5	098-861-8838 FAX 861-8842	保育士、社会福祉主事任用資格
14	浦添看護学校	320	〒901-2104 浦添市字当山422	098-877-7747 FAX 879-4737	看護師（※受験資格）
15	北部看護学校	300	〒905-0005 名護市為又1219-91	0980-54-1001 FAX 54-3613	看護師（※受験資格）
16	那覇看護専門学校	450	〒901-0222 豊見城市字渡橋名289-23	098-850-8050 FAX 850-6073	看護師（※受験資格）
17	沖縄看護専門学校	300	〒901-1301 与那原町字板良敷1380-1	098-946-1414 FAX 946-1999	看護師（※受験資格）
18	琉球リハビリテーション学院	360	〒904-1201 金武町字金武4348-2	0120-490-515 FAX 033257-3615	介護福祉士、作業療法士、理学療法士、言語療法士
19	インターナショナルリゾートカレッジ	30	〒900-0155 那覇市金城5-8-6	098-857-9337 FAX 858-3825	保育士

福祉人材センター

「社会福祉事業従事者及び社会福祉事業に従事しようとする者の就業の援助、研修の実施、社会福祉事業経営者に対する相談等を行うことにより、資質の高い人材の確保及び社会福祉事業の適正運営を目的とする。」

名　称	所長名	所在地	電話番号 FAX	管　轄
名護市福祉人材バンク	岸本　隆夫	〒905-0014 名護市港2-1-1　名護市民会館内福祉センター	0980-53-4142 FAX　53-6042	県内一円
沖縄県福祉人材センター	賀数　松弘	〒900-8603 那覇市首里石嶺町4-373-1	098-882-5703 FAX 886-8474	県内一円

福祉サービス利用援助事業

「社会福祉法第81条に基づく福祉サービス利用援助事業を行う実施主体機関」

名　称	所長名	所在地	電話番号 FAX
北部地域福祉権利擁護センター	比嘉　邦三	〒905-0014 名護市港町2-1-1 名護市社会福祉協議会内	0980-54-6565 FAX　53-6042
中部地域福祉権利擁護センター	比嘉　憲秀	〒904-0003 沖縄市住吉1-14-29　沖縄市社会福祉協議会内	098-921-0333 FAX 939-7020
沖縄県福祉サービス利用支援センター	蓋盛　　元	〒900-8603 那覇市首里石嶺町4-373-1 沖縄県社会福祉協議会内	098-887-2028 FAX 887-2024
南部地域福祉権利擁護センター	呉屋　秀信	〒901-0155 那覇市金城3-5-4 那覇市社会福祉協議会内	098-857-4525 FAX 857-6052
宮古地域福祉権利擁護センター	下地　常政	〒906-0015 平良市字久貝706-1 平良市社会福祉協議会内	0980-75-3955 FAX（兼）
八重山地域福祉権利擁護センター	大濱　正良	〒907-0004 石垣市字登野城1357-1 石垣市社会福祉協議会内	0980-84-2525 FAX 84-1199

各種相談所（県内）

（1）福祉サービス運営適正化委員会

「社会福祉法第83条の規定により、福祉サービス利用援助事業の適正な運営の確保及び福祉サービスに関する苦情の解決を行う機関」

名　称	所長名	所在地	電話番号 FAX
沖縄県福祉サービス運営適正化委員会	神里　博武	〒900-8603 那覇市首里石嶺町4-373-1	098-882-5704 FAX 882-5714

（2）女性相談所

「要保護女子の福祉に関し、主として次の業務を行う機関である。」
(1)要保護女子に関する各般の問題につき、相談に応ずること。
(2)要保護女子及びその家庭につき、必要な調査並びに医学的、心理学的及び職能的判定を行い、これらに付随して必要な指導を行うこと
(3)要保護女子の一時保護を行うこと。

名　称	所長名	所在地	電話番号 FAX	管　轄
沖縄県女性相談所	黒木　美智	〒902-0064 那覇市寄宮2-5-5	098-854-1172 FAX 854-1177	県内一円

（３）児童相談所

「児童福祉に関し、主として次の業務を行う機関である。」
(1)児童に関する各般の問題につき、家庭その他から相談に応ずること。
(2)児童及びその家庭につき、必要な調査並びに医学的、心理学的教育学的、社会学的及び精神衛生上の判定を行うこと。
(3)児童及びその保護者につき、前記の調査又は判定に基づいて必要な指導及び福祉の措置を行うこと。
(4)児童の一時保護を行うこと。

名　称	所長名	所在地	電話番号 ＦＡＸ	管轄
沖縄県コザ児童相談所	山内　優子	〒904-2143 沖縄市知花6-34-6	098-937-0859 FAX 938-7288	沖縄市、具志川市、宜野湾市、石川市、中頭郡(西原町を除く)、名護市、国頭郡、島尻郡のうち伊平屋村及び伊是名村
沖縄県中央児童相談所	当間　宣子	〒903-0804 那覇市首里石嶺町4-394	098-886-2900 FAX 886-6531	那覇市、浦添市、西原町、糸満市、島尻郡（伊平屋村及び伊是名村を除く。）平良市、宮古郡、石垣市、八重山郡

（４）高齢者相談所

名　称	所在地	電話番号
沖縄県高齢者総合相談センター	〒903-0804　那覇市首里石嶺町4-373-1	098-887-0110
沖縄県高齢者無料職業紹介所	〒903-0804　那覇市首里石嶺町4-373-1	098-887-0110

（５）障害者相談所

名　称	所在地	電話番号
沖縄県身体障害者更生相談所	〒903-0804　那覇市首里石嶺町4-380	098-886-2115
沖縄県知的障害者更生相談所	〒903-0804　那覇市首里石嶺町4-380	098-886-2115

法人・任意団体

番号	団体名	代表者	発足年月日	会員	郵便番号	所在地	電話番号 FAX
1	沖縄自閉症児者親の会	新城　由紀	昭和49年 4月1日	38名	904- 2152	沖縄市明道1-1-27 （新城方）	098-937-6096 FAX兼用
2	沖縄県知的障害者福祉協会	島　　龍夫	昭和48年 10月25日	38 施設	904- 2143	沖縄市知花6-36-2 楓葉館内	098-939-6919 FAX 934-5743
3	沖縄県作業療法士会	金城　光政	昭和58年 4月		901- 1301	与那原町字板良敷1380-1 沖縄リハビリテーション福祉学院	098-946-1000 FAX 946-1999
4	日本筋ジストロフィー協会 沖縄県支部	高嶺　正秀	昭和48年 7月21日	191名	901- 2214	宜野湾市我如古3-20-14 国立療養所沖縄病院西2病棟内	098-897-0128 FAX兼用
5	日本ダウン症協会 沖縄県支部小鳩会	上江洲幸雄	昭和53年 4月1日	140名	901- 2211	宜野湾市宜野湾1-9-16	098-892-0583 FAX兼用
6	沖縄ダルクリハビリテーションセンター	三浦　陽二	平成6年 2月1日		901- 2221	宜野湾市伊佐1-7-19	098-893-8406 FAX兼用
7	日本コンチネンス協会 沖縄県支部	長嶺由樹子	平成12年 9月	52名	903- 0115	西原町池田108 （サンセル池田内）	098-944-2921 FAX兼用
8	ホスピスを考える会	福井　　輝	平成12年 12月12日	200名	903- 0201	西原町字幸地868 アドベンチスト・メディカルセンター内	098-946-2833 FAX 946-7137
9	沖縄県臨床心理士会	名嘉　幸一	平成4年 6月	83～ 84名	903- 0215	西原町字上原207 琉球大学医学部臨床心理学教室	098-895-3331 FAX 895-1432

10	沖縄県腎臓病患者連絡協議会	瑞慶覧長吉	昭和51年10月３日	892名	903-0804	那覇市首里石嶺町4-373-1	098-887-0201 FAX兼用
11	沖縄脊髄損傷者連合会	上里　一之	昭和59年４月１日	90名	903-0804	那覇市首里石嶺町4-373-1	098-886-4211 FAX兼用
12	沖縄県重症心身障害（児）者を守る会	運天　政一	昭和44年３月22日	92名	901-2122	浦添市勢理客2-25-2	098-877-4100 FAX兼用
13	沖縄県バリアフリーバレーボール協会	宮里　孝三	平成11年３月６日	65名	901-2102	浦添市前田862-112（宮里宅）	098-877-1756 FAX 877-7224
14	沖縄県小規模作業所連絡会	小渡　敏子	平成５年４月17日	25作業所	901-2103	浦添市仲間1-1-2 浦添市福祉作業所そなえ会内	098-874-4932 FAX兼用
15	沖縄県聴覚障害者協会	比嘉　　豪	昭和28年８月	210名	903-0804	那覇市首里石嶺町4-373-1 県総合福祉センター内	098-886-8355 FAX 882-5911
16	沖縄県保護司会連合会	神谷　房徳	昭和34年５月12日	523名	900-0022	那覇市樋川1-15-15 那覇保護観察所内	098-855-9140 FAX 835-4091
17	沖縄県保育士会	仲村マサ子	昭和41年５月14日	1,200名	903-8603	那覇市首里石嶺町4-373-1 県総合福祉センター内	098-887-2000 FAX 887-2024
18	沖縄県民生委員児童委員協議会	上間　幸弘	昭和47年２月10日	2,041名	903-8603	那覇市首里石嶺町4-373-1 県総合福祉センター内	098-882-5813 FAX 882-5814
19	沖縄県里親会	上間　啓聖	昭和47年９月30日	217名	903-0804	那覇市首里石嶺町4-373-1 県総合福祉センター内	098-882-5709 FAX 882-5719
20	全国心臓病の子どもを守る会沖縄県支部	親川　武司	昭和48年９月22日	144名	903-0804	那覇市首里石嶺町4-373-1 県総合福祉センター内	098-866-6381 FAX兼用

21	日本保育協会沖縄県支部	佐喜眞和子	昭和50年 6月3日	92 保育所	903- 0804	那覇市首里石嶺町4-373-1 県総合福祉センター内	098-884-5795 FAX 884-5796
22	沖縄県子ども会育成連絡協議会	玉寄　哲永	昭和54年 5月21日	35,000名	902- 0029	那覇市旭町1 南部合同庁舎9階	098-941-4766 FAX兼用
23	沖縄県市町村社会福祉協議会連絡協議会	澤岻　寛	昭和56年 4月1日	市町村社協・県社協・県共募役職員	903- 8603	那覇市首里石嶺町4-373-1 県総合福祉センター内	098-887-2000 FAX 887-2024
24	沖縄県肢体不自由児者父母の会	新里　吉弘	昭和60年 6月8日	120名	902- 0064	那覇市楚辺2-24-24 ケイズコート203	098-836-2352 FAX兼用
25	全国膠原病友の会沖縄県支部	大島加代子	平成10年 4月19日	62名	902- 0063	那覇市安里2-6-23 インテリアハイム喜納（906）	098-863-5633 FAX兼用
26	沖縄小児医療基金「てぃんさぐの会」	高良　吉広	平成5年 10月5日	180名	900- 0003	那覇市安謝215-1 安謝小児クリニック内	098-869-0600 FAX 869-5171
27	沖縄クローン友の会	照喜名　通	平成元年 4月1日	112名	900- 0013	那覇市牧志3-24-29 グレイスハイム喜名Ⅱ1階アンビシャス内	098-951-0567 FAX 951-0565
28	沖縄県断酒連合会	池原　宏	平成5年 4月1日	228名	901- 0151	那覇市鏡原町1-59 （大城方）	098-857-1513 FAX兼用
29	沖縄県友声会	森永　和夫	平成10年 7月1日	90名	900- 0022	那覇市樋川1-24-2	098-834-6547 FAX 832-5099
30	在宅障害児地域療育活動支援「あひるの会」	酒井　洋	平成3年 5月	30組	901- 0151	那覇市鏡原町10-40 （療育センター内）あひるの会	098-858-5206 FAX 858-5246
31	沖縄県医療ソーシャルワーカー協会	宮良あさの	昭和63年 10月7日	93名	902- 8571	那覇市安里1-7-3 大浜第一病院　医療福祉課	098-866-5171 FAX 864-1874

32	日本バリアフリーダイビング協会	山田眞佐喜	平成６年 11月		900- 0021	那覇市泉崎1-15-2	098-869-4957 FAX 867-4034
33	沖縄県社会福祉士会	竹藤　　登	平成６年 12月19日	93名	902- 0064	那覇市楚辺2-24-24 ケイズコート２Ｆ	098-836-8201 FAX兼用
34	発達障害をもつ子どもと家族の願いをかなえる会	伊波　秀輝	平成13年 ３月	70名	902- 0073	那覇市字上間300-1-2（101）	070-5818-4666 （翁長）
35	沖縄県介護福祉士会	大城　通雄	平成12年 12月２日	200名	903- 0804	那覇市首里石嶺町4-373-1 県総合福祉センター内	098-887-3344 FAX 882-3391
36	沖縄県言語聴覚士会	岸本　睦美	昭和58年	42名	902- 0067	那覇市安里1-7-3 大浜第一病院内	098-866-5171 FAX 864-1874
37	沖縄県共同作業所連絡会	桜木かほる	平成２年 ４月１日		901- 0243	豊見城市字上田561 とみぐすく福祉作業所内	098-856-6639 FAX 856-6030
38	日本精神保健福祉士協会沖縄県支部	比嘉　　寛	平成元年 ２月18日	169名	901- 0334	糸満市字大度520 糸満晴明病院（真栄城）	098-997-2011 FAX 997-3885
39	てんかん協会沖縄県支部	上門トシ子	平成元年 11月18日	61名	904- 2225	具志川市喜屋武738 （上門方）	098-974-4070

救護施設（生活保護法第38条）

「身体上又は精神上著しい欠陥があるために独立して日常生活の用を弁ずることのできない要保護者を入所させ、生活扶助を行うことを目的とする施設である。」

番号	施設名	設置（経営）主体	施設長名	認可（設置）年月日	定員	所在地	電話番号 FAX
1	よみたん救護園	沖縄県（福）沖縄県社会福祉事業団	照屋　政治	昭和52年4月24日	50	904-0305 読谷村字都屋167	098-956-4111 FAX 982-8900
2	いしみね救護園	〃	辺土名達夫	昭和47年5月15日	100	903-0804 那覇市首里石嶺町4−389	098-886-2136 FAX 887-1975
	合　計				150		

社会福祉施設設置主体別一覧表

区分 種別	県　立		市町村立		社会福祉法人立		その他(医)等		計	
	箇所数	定員	箇所数	定員	箇所数	定員	箇所数	定員	箇所数	定員
1　保護施設	**2**	**150**							**2**	**150**
(1) 救護施設	2	150							2	150
2　老人福祉施設	**2**	**170**	**38**	**70**	**190**	**4,829**	**176**	**3,415**	**406**	**8,484**
(1) 養護老人ホーム	1	70			5	230			6	300
(2) 特別養護老人ホーム(介護老人福祉施設)	1	100	1	70	51	3,795	1	100	54	4,065
(3) 軽費老人ホーム（A型）					2	100			2	100
ケアハウス					3	150			3	150
(4) 老人福祉センター			21	—	4	—	1	—	26	—
(5) 老人憩の家			4	—					4	—
(6) 老人デイサービスセンター			1	—	67	—	62	—	130	—
高齢者生活福祉センター			2	—	2	—			4	—
(7) 老人介護支援センター			9	—	44	—	28	—	81	—
(8) 老人保健施設					5	500	36	3,244	41	3,744
(9) 老人訪問看護ステーション					2	—	40	—	42	—
(10) 痴呆対応型共同生活介護事業所（グループホーム）					5	54	8	71	13	125
3　身体障害者更生援護施設	**1**	**90**	**1**	**—**	**19**	**1,017**	**—**	**—**	**21**	**1,107**
(1) 身体障害者更生施設	1	90							1	90
(2) 身体障害者授産施設					6	342			6	342

種別＼区分	県立		市町村立		社会福祉法人立		その他(医)等		計	
	箇所数	定員	箇所数	定員	箇所数	定員	箇所数	定員	箇所数	定員
(3) 身体障害者通所授産施設					1	30			1	30
(4) 身体障害者小規模通所授産施設					1	15			1	15
(5) 身体障害者福祉工場					1	50			1	50
(6) 身体障害者療護施設					9	580			9	580
(7) 視聴覚障害者情報提供施設					1	—			1	—
(8) 身体障害者福祉センターB型			1	—					1	—
4 知的障害者援護施設	**—**	**—**	**—**	**—**	**43**	**2,221**	**—**	**—**	**43**	**2,221**
(1) 知的障害者更生施設					21	1,240			21	1,240
(2) 知的障害者福祉ホーム					1	10			1	10
(3) 知的障害者授産施設					19	925			19	925
(4) 知的障害者小規模通所授産施設					1	16			1	16
(5) 知的障害者福祉工場					1	30			1	30
5 精神障害者社会復帰施設	**2**	**25**	**9**	**4**	**—**	**—**	**30**	**441**	**41**	**470**
(1) 精神障害者援護寮					1		7	140	7	140
(2) 精神障害者福祉ホーム							4	40	4	40
(3) 精神障害者授産施設	1	25					7	205	8	230
(4) 精神障害者地域生活支援センター	1	—	8	—					9	—
(5) 精神障害者地域生活援助事業（グループホーム）			1	4			12	56	13	60
6 婦人保護施設					1	**45**			**1**	**45**

区分 / 種別	県立		市町村立		社会福祉法人立		その他(医)等		計	
	箇所数	定員	箇所数	定員	箇所数	定員	箇所数	定員	箇所数	定員
7 児童福祉施設	**7**	**153**	**227**	**11,241**	**193**	**14,714**	**9**	**201**	**436**	**26,309**
(1) 助産施設	5	13	1	3			6	21	12	37
(2) 乳児院					1	20			1	20
(3) 母子生活支援施設			2	33世帯					2	33世帯
(4) 児童養護施設	1	90			6	300			7	390
(5) 知的障害児施設					4	120			4	120
(6) 肢体不自由児施設					2	140	1	40	3	180
(7) 重症心身障害児施設					4	320	1	80	5	400
(8) 児童自立支援施設	1	50							1	50
(9) 児童館			56	—					56	—
(10) 保育所			151	10,802	176	13,814	1	60	328	24,676
(11) へき地保育所			14	436					14	436
(12) 児童遊園			3	—					3	—
8 母子福祉施設							**3**	**—**	**3**	**—**
(1) 母子福祉センター							3	—	3	—
9 社会福祉事業法による施設					**1**	**50**			**1**	**50**
(1) 授産施設					1	50			1	50
10 法外援護施設							**75**	**—**	**75**	**—**
(1) 心身障害者小規模共同作業所							48	—	48	—
(2) 精神障害者小規模作業所							27	—	27	—
総　計（定員は、母子生活支援施設を除く）	**14**	**588**	**275**	**11,315**	**446**	**22,876**	**292**	**4,057**	**1,027**	**38,836**

加藤　彰彦（かとう・あきひこ）

1941年、東京都生まれ。

横浜国立大学卒。小学校教諭、４年間の日本列島放浪の後、横浜市民生局職員として日雇い労働者の生活相談所「寿生活館」や児童相談所に勤務。

1991年から横浜市立大学教授（社会福祉論）、2002年から沖縄大学教授（児童福祉論）。実生活からの視点にこだわり、日雇い労働者の克明な生活史を記録するなど「野本三吉」の名でノンフィクション著書多数。那覇市在住。

著書『こども観の戦後史』（現代書館）、『生きる場からの発想』『近代日本児童生活史序説』（社会評論社）、『野本三吉ノンフィクション選集（全6巻）』（新宿書房）、『社会福祉事業の歴史』（明石書店）『福祉における危機管理』（有斐閣）など。

ボーダーブックス７
おきなわ福祉の旅

発　行　2005年１月20日
著　者　加藤　彰彦
発行者　宮城　正勝
発行所　㈲ ボーダーインク
〒902-0076　沖縄県那覇市与儀226-3
電話　098-835-2777　fax. 098-835-2840
印刷所　でいご印刷

時代を切り取るボーダーブックスシリーズ

①子供の「悲鳴」にどう向きあうか
芹沢俊介　四六判・95頁・定価八四〇円（税込）
いじめ、体罰、登校拒否、ナイフ刺殺、自傷行為、酒鬼薔薇、居場所を失った子どもたちに寄り添う深くて熱いメッセージ。

②現在をどう生きるか
吉本隆明・藤井東・芹沢俊介　四六判・114頁・定価一〇五〇円（税込）
衝撃の吉本講演をはじめ、子ども・家族・犯罪・戦後・消費資本主義を解読し分析する三つの講演と対談

③窓をあければ
くらしの中のジェンダー話
糸数貴子・新垣栄・西智子・砂川秀樹　四六判・118頁・定価一〇五〇円（税込）
女と男、女と女、男と男の幸せな関係を求めて四人の男女がそれぞれの視点から綴る。

④よくあそび、よくあそべ！
子ども達、自然、遊びの現場から
山本隆　四六判・111頁・定価一〇五〇円（税込）
子どもと親が元気になるウーマク印のエッセイ。著者は学童クラブ「わんぱく家」、ONEネットワークなどの活動中。

⑤往きのいのちと還りのいのち
臓器移植・ホスピス・ターミナルライフ
米沢慧　四六判・94頁・定価一〇五〇円（税込）
〈いのち〉のステージが変わった。未知の時代の死生観を問う講演集。

⑥まじめになるのはきつい！
みんなで考えよう「非行少年・少女」たちのSOS
南研作・南島司　四六判・91頁・定価一〇五〇円（税込）
必要なことは修理や監視じゃなく見つめ、援助すること。